Prologue 1

完璧なメイクが
おしゃれの邪魔をする

「小さいけど、服が似合うんだよね」

ずっと雑誌の中で憧れつづけていたスタイリストさんからの嬉しい一言。

わたしはずっと「服」や「おしゃれ」というものにコンプレックスをもっていた。

わたしの小柄な体型や、丸みをおびた顔やパーツは、どんな服を着てもどこか野暮ったく見えるのをいろんな場面で実感していた。

さまざまな服で試行錯誤を重ねても、それはまったく解消されず、コンプレックスはさらに色を濃くしていたように思う。

何をしても垢抜けない自分。それはきっと体型や顔のせいで、もうどうしようもないことだ、と自分を納得させようとし始めていたとき、思いがけない瞬間があった。

いつものように仕事へ向かう準備をしていたある日、次男の学校から予定外の電話があって支度をする時間がなくなり、日焼け止めに濃いめの口紅だけという、1分もかからない究極のシンプルメイクで出発することになってしまった。

でもこれが、わたしのメイクやファッション、おしゃれというものの概念をひっくりかえしてくれた。

その日、着ていたのは、柔らかな素材がほどよく体に沿う黒のオールインワン。ハンサムさの中に女っぽさも感じさせるシンプルな1着。これにその究極のシンプルメイク顔が絶妙にフィットした。

仕事場でも、面白いくらいに反応がよく、メイクさんやスタイリストさん、カメラマンに編集さんと、お会いするひとに口々に、
「なんか、女っぽくていいね」
「かっこいい！　今っぽい！！」
と、おせじでも嬉しくなる言葉をたくさんもらった。

たしかに鏡の中の自分はいつもより力が抜けていて、いい具合の余裕があり、顔が服を、服が顔をさりげなく引き立てあっていた。

雑誌の中のモデルや、まわりのおしゃれなひとたちがまとうあの独特の「しゃれた空気」を、ほんのちょっとだけ感じることができた。

不思議な体験だった。

自分では、いつもの顔ではない、中途半端で不完全すぎる顔なのに、その顔のおかげで、今っぽさやかっこよさが手に入るなんて。

「完璧にメイクをすること＝おしゃれ」ではない。

もっと言えば、目や口や肌、一つひとつを単体として完璧なメイクで仕上げた顔は、逆に垢抜け感や洗練感の邪魔をすることがある。

わたしが、ずっと体型やパーツのせいにしていた垢抜けない原因はメイクにあり、「なんか綺麗」

「なんかしゃれてる」は、完璧を脱出できたときにはじめて現れる空気なのだということを知った。

服に合わせ、色や質感、形を調整し、全体のバランスや相性をみながらその日のメイクを組み立てる。

それができてこそ、「いい雰囲気」は完成する。

ファッションのひとは「美容のひとってダサいよね」、美容のひとは「ファッションのひとって肌がきれいじゃないし、メイクも知らないよね」というファッション業界と美容業界のあるある話にもあるように、どちらかに偏ってしまうと、とたんに全身の雰囲気はくずれ始める。

だから、目指すべきはいいとこどり。

ファッションと美容のふたつをいい具合に組み合わせ、自分に似合うようフィットさせていくことができれば、持って生まれた顔や体型は関係なく、「なんかおしゃれで綺麗なひと」になることができる。

自分の新しい顔を手に入れたあの日から、今までコンプレックスだった小さな体も丸い顔も楽しめるようになった。

「なんかしっくりこない自分」を抜け出す方法。

この本では、コンプレックス山盛りのわたしが手に入れてきた、メイクと服を似合わせる技やポイントをご紹介します。

Prologue 2

新しい顔を見つける方法

服に合わせてメイクを変えていくためには、まず「自分の中の鉄板顔」から脱出しなくてはならない。

何十年も生きていると、「一番いいと思える自分の顔」が固定してくる。気がつけば、何十年も同じ顔で過ごして、変えようなんて思ってもいなかったりする。

でも、なにか変えたい、似合わなくなってくるものが増えるのを止めたい、と思うのなら、「鉄板顔」を捨てる勇気が必要になる。

先ほども書いたとおり、「顔だけが完璧なひと」イコール「綺麗なひと」「おしゃれなひと」ではない。ひとの綺麗というものは、見た目で言えば、顔、髪、ファッション、小物が組み合わさって、その調和やバランスで完成する。だから、いくら顔だけが綺麗でも、その他とのバランスや相性が悪ければ、おしゃれは成立しない。

特に美容好き、メイクマニアが陥りやすいのがこのポイント。顔の中のパーツ一つひとつの美しさにとらわれて服とのバランスが見えなくなるから、首から上と下でチグハグになってしまう。

マネキンに服が似合うのはなぜだろう？　マネキンにも種類はあれど、顔に表情の刻まれないマネキンほど、服が似合う。それは、顔や髪といった情報がないからだ。顔や髪のような雰囲気や情報が増えるたびに、服は似合いにくくなる。

だからわたしたちは、服とバランスのとれた首から上を、毎回自分でつくる必要がある。それが成功すると、マネキンなんて比じゃないくらいに、美しくしゃれた自分ができあがる。

鉄板顔を捨てるには、究極のミニマムメイクをすることから始めるのがいい。

試してほしい究極のミニマムメイクとは、下地と眉とリップだけのメイク。ツヤのでる下地を塗って眉を描いたら、服にあった口紅だけを塗る。それで終わり。

顔の中の情報が少ないぶん、服が似合いやすい究極メイク。さらに服にあう髪型を組み合わせれば、かなり幅広い服が似合いやすくなる。この他のメイクはオプションと考える。

くすみやシミが気になるなら、目の周りにコンシーラーを、女っぽくしたいならアイラインを、可愛くしたいならチークを、といった具合にメイクをトッピングしながら服にあわせて顔を完成させていく。

わたしも数十年、自分の鉄板顔と生きてきた。でもえいやっとこの顔を捨ててみたら、似合うものがぐんと増えた。ゼロベースの自分を知っているから、毎朝の「今日はどんな自分でいこうかな」が広がって、もっと冒険できるようになった。

この本では、大きく分けて4つ。「女っぽい気分のとき」「甘さを楽しみたいとき」「知的に見せたいとき」「カジュアルな服を着こなしたいとき」のそれぞれの服とメイクの組み立て方を紹介している。

その前提として、最初にまずこのミニマムメイクを試してほしい。きっと、自分が謎のルールにとらわれていたことに気づけるはず。そうしたら、新しい服にもメイクにもチャレンジしやすくなるはず。

読んでくれた方が「新しい自分」と出会い、もっともっと自分を好きになって、毎日を楽しく過ごせるように、心をこめて書きました。

My Rules

服とメイクの似合わせルール20

01

赤い口紅には
チークはのせない

02

ツヤ肌には
赤い口紅を合わせない

03

柔らかい色の
アイカラーには黒以外の
アイラインを合わせる

04

知的な唇は
リップブラシで
輪郭を美しく

05

眉山からが横顔と思って
眉山をつくる

06

アップヘアでおでこを見せる
なら眉毛は長めに描く

07

目の彫りを深くするなら
眉下までアイカラーを
入れる

08

色っぽくしたい日は
チークはナシか
気配くらい

09

カジュアルな服には
毛先は巻かない

10

おしゃれ見せなら
地金アクセ

My Rules
服とメイクの似合わせルール20

11
カジュアルな服のときほど
ヘアは女っぽくする

12
しゃれるときは
血色なしメイクか鮮明なリップ

13
ドレスアップのときほど
ヘアはシンプルに

14
カジュアルには
NO マット顔

15
甘い服には
カラコンはしない

16
しゃれ顔なら
まつ毛はノーカール

17
カジュアルな服には
目元か唇にインパクトカラー

18
知的に見せたい日は
下まつ毛にマスカラなし

19
知的顔は目頭・目尻に
ハイライトを入れる

20
チークは
メイクの最後にする

Contents

服が似合う顔が欲しい｜目次

Chapter 3 甘さを楽しみたい日

Chapter 4 知的に見せたい日

Chapter 5 カジュアルな服を着こなしたい日

Chapter 6 知ってるだけでおしゃれ度アップのお役立ちテクニック

甘さを楽しみたいとき

甘さが欲しいときには、丸みを浮き立たせること。
目の丸みや頬の丸みを立たせ、髪にも柔らかな曲線を。
服には柔らかな色や、思わず触れたくなる素材を選び、
全身からやさしい雰囲気をつくり出す。その代わりデザインと色、
小物のバランスで甘さを調整し、大人の可愛さにすること。

CHAPTER3 でさらに詳しく!

知的に見せたいとき

仕事や息子たちの学校の行事など、落ち着きと信頼感を
印象づけたいときには、ノーブルな雰囲気をまとえる組み立てをする。
肌や体は骨格を浮き立たせることで知的な印象を出し、
顔の上はベーシックな色を使って静かな美しさを。
服やメイクはシンプルにしながらも、ただの地味では終わらない深みを
出す工夫をするのがポイント。

CHAPTER4 でさらに詳しく!

カジュアルな服を着こなしたいとき

カジュアルをこなれさせるポイントは、「抜き」「足し」のバランスを楽しむこと。
肌は透けさせるけれど、唇は思い切り鮮明に。
マスカラは塗らないけれど、眉はしっかり。
抜くことで初めて生まれる余裕な空気をまとうこと。
カジュアルなぶん、ヘアにはツヤを。
靴やアクセには品や個性を出し、あえてのカジュアル感を確立する。

CHAPTER5 でさらに詳しく！

KEY ITEMS

女っぽい気分のアイテム N°1 レースのトップス

Key Item なりたい雰囲気のキーアイテムを決める

レースのブラウス：クロエ

女っぽさと品を両立したいときに迷わず手にとるレース。透け具合と柄の上品さが重要。スカートでもパンツでも、まろやかな女っぽさをひきたててくれます。

KEY ITEMS

女っぽい気分のアイテム N°2 ペンシルスカート

ペンシルスカート:ロシャス

20代の頃から大好きなペンシルスカート。ロシャス、ヌメロの美しい立体感が好き。はくだけで美しい曲線を浮きたたせてくれる。コーディネートが決まっていない日でも、これをはくだけでおしゃれに見せてくれる最強のアイテム。

KEY ITEMS

甘さを楽しむ
アイテム
N° 1
柔らかニット

大人の可愛さを楽しみたいときは、触りたくなるような素材を意識して選ぶ。毛のふんわり感や毛足の先の柔らかさが雰囲気にやさしさをだしてくれる。ニットを着る日は、メイクもふんわり包み込まれる感じにまとめて大人の甘さを楽しむ。

ニット:アクアガール

KEY ITEMS

甘さを楽しむ
アイテム
N° 2
ワンピース

甘い顔にメイクした日には、逆にさらりとしたワンピースを着て甘さの調整。丈が長いと、甘さに女らしさも加わっていいバランスに。ただし、ワンピースはバストからウエストにかけてのラインが大切なので、必ず試着を。

ワンピース:カリタ

KEY ITEMS

知的に見せる アイテム N° 1 とろみシャツ

肩先やバストなどを女性らしいラインに見せてくれるとろみシャツは、知的に見せたい日のわたしの定番。風が吹いても、自分の手のしぐさでも揺れて柔らかい空気をつくってくれるので、生地のとろみ具合が大切。わたしは主にウエストインでメリハリをだします。

とろみシャツ:ロシャス

KEY ITEMS

知的に見せるアイテム N°2 カラーパンツ

仕事モードできちんと見せたい日はパンツを。身長が高くないわたしはとにかく色重視で選ぶ。鮮やかなパンツは体の形より個性をたててくれるので好き。バランスアップのためにはトップスをインにしてはけるものを。

パンツ:クロエ

KEY ITEMS

カジュアルなアイテム N° 1 Tシャツ＆カットソー

カットソー：シー

カジュアルファッションを楽しみたいとき、まず思い浮かぶのがTシャツやカットソー。でも選ぶときに一番注意すべきは形。子どもっぽく見えてしまう危険なアイテムであるからこそ、トレンドや体に合うものを選びたい。わたしの場合はシルエットと共に、生地が柔らかかったり、綺麗なパンツやスカートとも合わせられるものを選ぶのがルール。

KEY ITEMS

カジュアルなアイテム N°2 デニム

デニム：シー

カジュアルスタイルの定番であり、永遠の憧れデニム。かっこよくデニムをはくには、とにかく自分の体に合うデニムと出会うこと。試着を繰り返して、自分だけの一本を持っておきたい。ボディラインキープのモチベーションにも。

ブラウス：ニナ リッチ／カラーパンツ：ユナイテッドアローズ／ヒール：ジャンヴィット ロッシ／バッグ：シャネル／ピアス：ヒロタカ

COORDINATE

女っぽい気分のコーディネート N°1

紺のレースで上品な透け感をだしたら、パープルのパンツで女らしさをプラス。透け感があるからこそ、首が詰まっているものを選び、品を保つのがポイント。

COORDINATE

知的に見せるコーディネート N°2

ジャケットとパンツをあわせたお仕事スタイルのときは、トップスで女性らしさをプラス。透け＆フリルのブラウスと、硬い印象のジャケットが重なることで女らしい柔らかさが浮き立ちます。

ジャケット：ティッカ／ブラウス：ステラ マッカートニー／カラーパンツ：ジバンシィ／ヒール：ジミーチュウ／バッグ：クロエ

COORDINATE

カジュアル
コーディネート
N°1

あっさりした白カットソーには大胆な柄のロングスカートを。カジュアルだけど個性的なおしゃれ感もキープ。差し色にもなるストールは大判で動きがでやすいものをセレクト。

カットソー:ヤングアンドオルセン／スカート:ブラン シー／サンダル:ザラ／バッグ:ドラゴン／ストール:アソースメレ／ピアス:べべ

COORDINATE

カジュアル
コーディネート
N°2

ヴィンテージ感ただようデニムにはペプラムのトップスで女性らしさを。小物もトーンを合わせ、大人のデニムスタイルに。

トップス：イサ アフェン／デニム：カイト／ミュール：チェンバー／バッグ：フォースティン パリ／イヤリング：ヴィンテージ／サングラス：レイバン

メンズの時計やフレームのしっかりしたアイウェアなど、どこか無骨さの漂う小物が好き。女っぽいもので引き立てる女っぽさではなく、ごついもの、硬いものが加わることで静かに浮き立つ女の柔らかさがいい。硬くても品があり、繊細さを持ち合わせているものを選びます。カジュアルに合わせることもあるけれど、あえて女っぽいコーディネートに合わせるのがわたし流。

Accessories

小物で「雰囲気」をつくる

「美しいひと」とは、顔のつくりではなく、「雰囲気」で決まるものだと思う。だから、「雰囲気」をつくる小物は上手に使いこなしたい。

サングラスはこなれた雰囲気、ゴツめの時計は女性らしさをさりげなくたたせてくれる。パールは、たとえばシンプルなTシャツにデニムだって、ピアスひとつ、リングひとつ入れるだけで、透明感やイノセントな雰囲気をかもしだし、違う服に見せてくれる。

服で雰囲気をつくるより、ずっと簡単で自由自在。服の雰囲気と直球で組み合わせれば、その色がより濃く。あえて異なる雰囲気を持つと、そのひとの個性が印象づけられる。

地金のものから色鮮やかな天然石まで、アクセはチークやリップのようにいろいろ楽しみます。デニムにパールを合わせたり、色鮮やかなドレスに地金のピアスを合わせたり、変化球を楽しむのが好き。女っぽい雰囲気ならゴールド。透明感のある強さが欲しいときにはシルバー。天然石は服とリンクさせたり、反対色を合わせて色と色を楽しむことも。

右から　**スイングググロスオイル**　80mL ¥1,800（ココンシュペール）／**ナルシソ オードパルファム プドゥレ**　50mL ¥12,600（ナルシソ ロドリゲス パルファム）／**チャンパカ アブソルート オード パルファム スプレィ**　50mL ¥28,000（トム フォード ビューティ）／**アールデュソワン サテンオイル**　100mL ¥6,700（ディプティック）／**メゾン クリスチャン ディオール ベル ドゥ ジュール**　40mL ¥11,500（ディオール）／**オードパルファン フルール ドゥ ポー**　75mL ¥20,500（ディプティック）／**センシュアルジャスミン ボディオイル**　100mL ¥6,000（フローラノーティス ジルスチュアート）

Fragrance

目に見えないもの

雰囲気は、目に見えないものでつくられる。香りは「声」と同じように「そのひと」を形づくる大きなポイント。香り次第では、ときに見た目の印象を反転させてしまうくらいだ。

深い印象を残すからこそ、まとい方による差を味方につけたい。つける場所や時間、それにどのくらいの距離感で会うひとなのかも考えてつける。

香りを持続させたいとき、変わりゆく香りも楽しみたいとき、鮮明な香りを楽しみたいならフレグランスを。

まるで自分の体のにおいのように、肌と溶け合った香りをまといたいときにはオイルを。ヘアオイルは香りが広がりやすいので少量をのばしてつけること。

ブラウス：ドゥロワー／スカート：ドゥロワー

首の後ろ

髪が揺れるたび、香りがふわりとこぼれる。さり気なく香らせるならココ。

胸元

ぬくもりを感じさせる香り立ちに。色っぽく香らせたいならココ。

腕の内側

手が動くたびに香りが「動く」。香りを印象づけたいときはココ。

Snap

カジュアルは小物で変化を

タンクにパンツ。実はいちばんわたしらしい組み合わせ。ハンサムシンプルな服には、ツヤをだしたナチュラルヘアを合わせるのが好き。

—

Tops：スタイリング
Pants：カーサフライン
Shoes：フェンディ
Bag：ジェイ＆エム
　　デヴィドソン

大胆な色合わせで知的さと個性を

ピンクとレッドの思い切った色合わせもデザインがシンプルならOK。アクセは小さなパールだけでさらっと。メイクはベージュピンクで軽やかに。

—

Tops：ドゥロワー
Skirt：ロシャス
Shoes：クリスチャン
　　ルブタン
Bag：セリーヌ

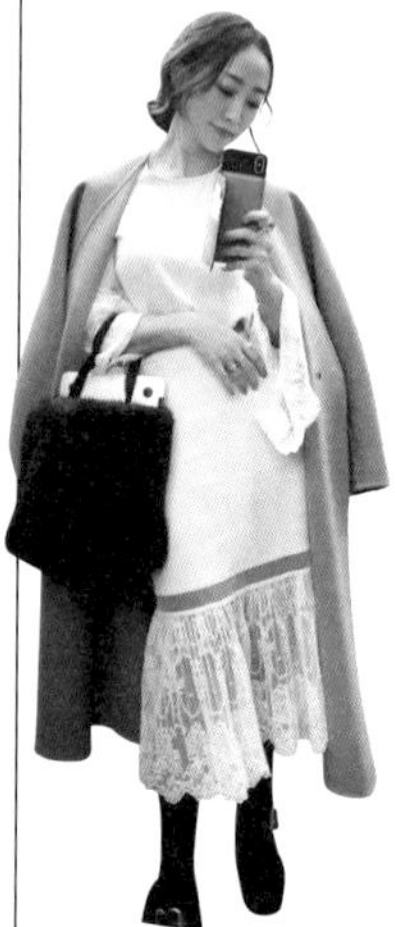

甘さ×シンプルで大人の可愛さを

髪にはウェーブを仕込んでからニュアンスが浮き出るように、ゆるくまとめ髪。服の柔らかさが生きるようメイクもベージュのワントーン。

—

Coat：ドゥロワー
Dress：ステラ
　　マッカートニー
Shoes：プラダ
Bag：プラダ

異素材ワントーンで女っぽコーデ

ベルベットの深い赤の靴でドラマティックな空気をだしたら、ヘアは空気感のあるラフな巻きに。メイクはくすみ色で雰囲気を重ねて。

—

Tops：ニナ リッチ
Skirt：ロシャス
Shoes：ピエール アルディ

CHAPTER 2

女っぽい気分の日

Key Item

キーアイテムの選び方

女性らしい雰囲気をまといたいときには、「透ける」「沿う」「浮き立つ」服を選ぶ。ただ肌を見せるのではなく、女性らしい丸みや骨感を浮き立たせたり、レースの奥に肌を透けさせたり、体の曲線に沿う服。

ただ直球に肌を見せて狙う色っぽさは、年齢を重ねるほどに品を保つバランスが難しくなるけれど、肌を覆い隠すことで見せる女性らしさは、品や清潔感を守り、透明感やまろやかさという、大人の女性が持つべき空気をだせる。

なかでもわたしのスタンダードになっているのが、レースのトップスとペンシルスカート。

レースで体を包み込むようなトップスは、奥に隠れる肌を白く透明に感じさせてくれるし、「隠れているのに見える」というところが独特の色気に。色気が漂う、でも隠しているからしとやかな感じもある。まさにいいとこ取り。しとやかさと大胆さを併せ持つ服。

だからこそ、**総レースの場合は首の詰まったデザインを選ぶこと**。これが色っぽい。

ペンシルスカートは、丈とヒップの立体感が重要。膝が隠れるくらいの丈にすることで、ヒップから膝にかけてのシェイプ感が女っぽくなる。さらに膝が隠れることで、足は美しく見え、下半身のフォルムが洗練される。

歩く、座るの動きに合わせて曲線が美しく浮かび上がるところもまた、瞬間瞬間の女性らしさを引き上げてくれて好き。

Lace Tops

レーストップス:左からザラ／ドゥロワー／ドゥロワー／クロエ／ニナリッチ

Pencil Skirts

ペンシルスカート:左からロシャス／ヌメロ ヴェントゥーノ／ロシャス

Skin

色気は肌で出す

色気を手に入れたい。そう思うのなら、「うるみ」を手に入れること。みずみずしさの中に、ぬくっとした体温を感じさせる、ほんのりと熱のあるツヤ。

用意したいのは、潤う下地とツヤ仕上げのリキッドファンデーション、そしてツヤを足すハイライトに、ツヤを消さないパウダー。

最初に大切になるのは、先ほどお話ししたようにスキンケア。マットに仕上げるときもツヤ肌に仕上げるときも、同じように、しっかりと丁寧に潤いを肌に仕込んでおく。

スキンケアを終えたら下地を手の平にとり、もう片方の手の指でクリームを混ぜるように軽くとかすと肌に負担がかからずのばせる。最初に額、頬、鼻、顎にのせて指の腹や手の平を使って肌の上にムラのないようにくっつけていく。**「塗る」という感覚で横にのばすとムラができしまうので、とんとんと肌に「くっつける」イメージでミルフィーユのように薄く密着させていくのがポイント。**

その上にリキッドファンデーションを薄く顔全体にくっつけていくようにすると、まるでもともとの素肌が美しいような仕上がりになる。メイク前にスキンケアで潤いをたっぷり仕込んでおけば、少量のファンデーションでものびがよく、広範囲に行き渡らせることができる。

薄くのばしたファンデーションではカバーできない部分、とくに目の下からこ

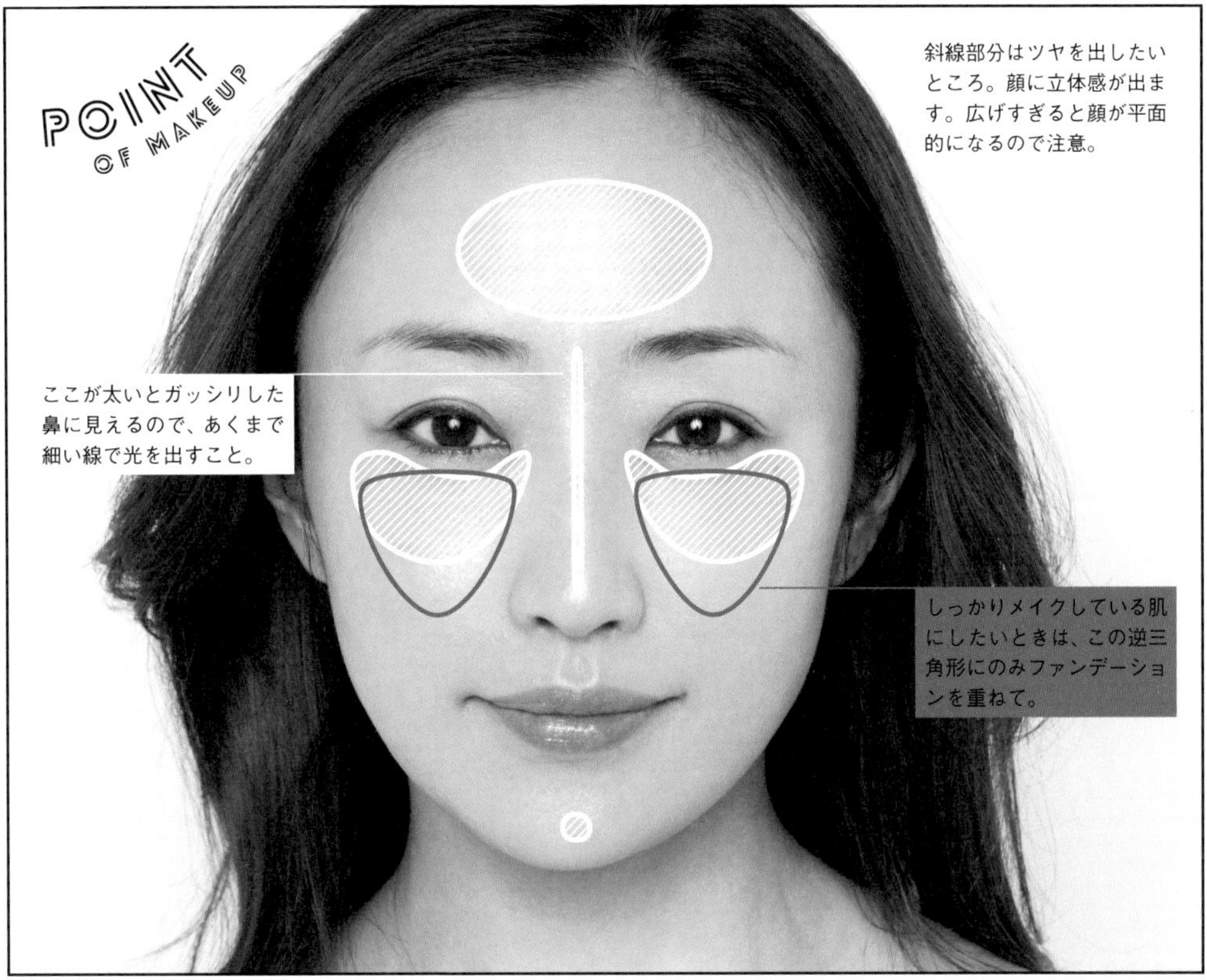

めかみにかけてのシミはコンシーラーでカバーし、肌の清潔感をつくる。

ツヤ肌は、清潔感とセットだと色気になり、色ムラや毛穴とセットになると、下品でテカった印象になるので、これは重要な工程。もっとメイク感がほしいときは頬の逆三角形部分にだけファンデーションを重ねる。

最後に柔らかく大きめのパウダーブラシにパウダーを含ませ、眉、鼻の横柱、小鼻、ほうれい線に。

そのあとにブラシにのこったパウダーを額や頬、顎にかるく。これで完成。

パウダーは、色が付きすぎないよう透明に近く、オイルやうるおい配合でツヤのでるものを選ぶのがコツ。

HOW TO MAKE

ツヤ肌

下地はたっぷり。ファンデとパウダー、ハイライトは薄くするのがコツ！

1

下地を塗る

下地は潤い重視のものを選び、両頬、額、顎、鼻の5点置き。指の腹をやさしく使って、「のばす」というより「くっつける」感じで、肌にペタペタと塗っていく。小鼻の脇、口のまわり、目のまわりなどはくずれやすいので少量を指の腹で馴染ませる。中心から外側に向かうほど薄くなるイメージで塗れば光をコントロールできて小顔に。

USE_ミネラルUVグロウベース（エトヴォス）

2

ファンデーションを塗る

肌にツヤを出したい日はリキッドファンデーションやクリームファンデーションを。下地で肌は補整済みなので、ファンデーションは薄くてOK。下地と同じように5点置きし、下地にくっつけていくように重ねていく。ズリッと力を入れてのばすとせっかく塗った下地がズレてしまうので、ペタペタ塗りが鉄則。重ね終わったら手に残った分で目、口、鼻まわりをカバー。足りないと感じても輪郭には塗り足さない。薄いくらいのほうが立体感がでます。

USE_ディオールスキン フォーエヴァー フルイド グロウ（ディオール）

3

ハイライトを重ねる

左右の頬にクリームのハイライトを重ね、残りで額と鼻筋と顎に重ねてツヤを出す。とくに額はごく薄くすること。その他のところには塗らないことで立体的な顔になる。指で軽くトントンしながらくっつけて。眉間下から鼻先まで線のように細く入れるのがスッとした鼻をつくるコツ。

USE_シマー リクイド ハイライター 01（スック）

4

パウダーを重ねる

眉、鼻の横柱、小鼻、ほうれい線にさらっとパウダーをのせる。ここで少量というのがポイント。一度ブラシに含ませたらティッシュか手の甲にブラシをすべらせ、余分な粉を落としてから肌にブラシをすべらせる。これでツヤとテカリの調整ができる。

USE_リタッチ プレスト パウダー（スック）

LIGHT VERSION

—

淡い女

淡いブラウンのグラデーションで目元に深みをだして、ヌーディなリップを。透明感はありながらも深さも感じさせる表情に。

Make-up

濃い女でいくか
淡い女でいくか決める

毎日、服を決めた後に、メイクの方向を頭の中で組み立てるのが自分なりのルール。

頭の中に、バービーやリカちゃんのような、裸の自分を思い浮かべ、そこに服を着せ↓メイクをし↓髪を整え↓アクセサリーや靴などの小物を持たせていく。

女性は幼いころから、塗り絵やお絵描き、着せ替えで全身を組み立てることには慣れているもの。それを自分に置き換

SHADE VERSION

—

濃い女

深みのあるブラウンのシャドウに漆黒のライン。リップは真紅でドラマティックに。あえて柔らかな服にあわせるとグッと女っぽく。

えてみるだけでいい。

服を決めたら、次に考えるのは、「濃い女」でいくか「淡い女」でいくか。

濃い女は、印象が鮮明でドラマティック。

逆に、淡い女は包み込むような柔らかさと、何層か奥に芯のあるような秘めた強さの印象。

同じ服を着ても、メイクをどちらに寄せていくかでまったく別人に仕上がる。

この2択を決める基準はリップの色。

その日の気分や、会うひと、場所や予定に合わせてリップを決める。

時間でいえば明かりがムーディーになる夜は濃く、昼や明るい光の下では淡くするとより映えて、写真映りもよくなる。

Lips
色っぽい女は リップで決まる

アイメイクには時間や技を使うのに、唇はただ塗るだけのひとが多い。でも、女性の顔の美しさは唇で決まる。

まず、スキンケアの段階でリップ美容液やバームで唇をケア。これだけでも唇はふっくら柔らかく、透明感が出る。

リップの形は、上唇と下唇で対を意識して調整すると綺麗に見える。**とくに印象を大きく左右する上唇の形は、淡い色ならふっくら丸みをもたせ、濃い色は直**

SHADE VERSION

USE_リップスティック ピュア 019（アディクション）

線的に仕上げるとバランスよく見える。

直塗りもいいけど、ブラシで丁寧に仕上げると、唇に品と知性が宿る。下唇の口角から真ん中に向かって、上も同じように口角から中間に向かって、少しだけ圧をくわえ、唇のボリュームを端から中央に寄せる感覚で塗ると、ボリュームを感じさせる仕上がりになる。

濃い色を塗ると、肌とのコントラストも効いて、唇自体がきゅっとしまったように小さく見える。すると顔のパーツの配置やバランスが変わって見えて、「なんか似合わない」と苦手になってしまうひとが多い。だから、濃い色はオーバーラインをとるように大きめに塗るといい。顔のバランスがよくなって似合うようになる。

Hair Arrange

影をつくる前髪が色気になる

女っぽさとは、はっきりしすぎないことだ。一糸乱れることなくつくられた髪や、左右対象すぎる顔。影もスキもなく整えられたものは、清々しさはあっても色気はない。色気とは、隠したり、影を落としたり、動きのあるものからこぼれる空気。

なかでも簡単かつ効果的に美しいニュアンスをつくってくれるのが前髪。**目にかかれば影で目が潤み、唇にかかればとたんに唇の存在感が際立つ。**フェイスラインを隠すと顔の輪郭がすっきりとひとまわり小さく見える。とくにおでこの両端を隠すと効果的。逆に目の存在感を出したいときは目元ギリギリで切ると眼差しが印象的になる。

HOW TO MAKE

ゆる前髪

1

根元から濡らす

前髪の分け目を
根元から濡らしてから、
トップの髪を
すべて前にもってくる。

2

トップにボリューム

頭頂部から前に向かって
ドライヤーをかけて、
分け目をなくす。

3

根元を立ち上げる

前髪全体を大きく左に
分けて根元が立つように
ドライヤーをあてる。
反対も同様にすることで
根元が立ち、
柔らかな流れができる。

4

おでこの両端を隠す

前髪を好きなところで
左右にわけて、
こめかみを隠すように
形を整える。

Key Item

ブラックドレスはデザインで遊ぶ

パーティーなどでドレスを着る日には、思いっきり女っぽさを楽しむ。なかでもベーシックな色のドレスは、どこかにヒトクセあるものと決めている。色に特徴があるものは、それだけで自分らしさや華のある印象が出せる。けれど色かぶりする確率の高いものは、自分らしさや印象が薄まってしまうことも多い。

小柄で目鼻立ちも小ぶりなわたしの場合、そうした色を着るとたんに周囲となじんでしまうので、**存在感を出すためにデザインに「クセ」のあるものを選ぶことにしている。**

とくに黒いドレスはなじみやすい。だからディテールや風合いが重要になってくる。華美である必要はないけれど、自分らしさがにじむものを選びたい。

たとえば、左の透け感のあるドレス。「透け」は日常でも着ることの多い特徴のひとつ。極シンプルなドレスでも肌の存在感を際立たせるから、品を保ちつつ華がだせる。まるで20デニールのストッキングをはいたときのように、鎖骨や肩先の立体感も美しく見せてくれるし、ふわふわと揺れる袖も「普通じゃない」。

真ん中のオールインワンは、背中が腰まで開いている大胆な一着で着るだけでハンサムになれる。右のワンピは甘いのに胸と背中がVにあいたうらはらな印象。

そんな、わたしなりのクセをシンプルな中にも混ぜ込んでいるものが、独特の存在感をつくってくれる。

Black Dresses

ブラックドレス：左からレジーナ ピョウ／ソブ／セシル バンセン

Black Dress
ブラックドレスで個性を出す

ブラックドレス:アンナ オクトーバー
ヒール:クリスチャン ルブタン
バッグ:ジミーチュウ

ブラックドレス:マメクロゴウチ
サンダル:ジャンヴィト ロッシ
バッグ:ザ ロウ

レースか、デコルテが見えるブラックドレスがわたしの定番。だから、丈は膝下かマキシ丈で、肌の分量が多くなりすぎないようバランスを意識している。

　ブラックドレスを着るときにほしいのは「しっとりとした女らしさ」。だから生地もツヤがあったり、なめらかなものを選び、肌も服の生地の風合いにそろえる。たとえばジョルジオアルマーニのファンデーションはすべて「ベルベット」「シルク」といった生地の風合いをそのまま肌に表現できるものになっている。**着るものと肌の質感をそろえることで、より洗練された印象になる。**

　黒は肌とのコントラストが際立つ色。だから、肌を美しく見せるようにすることが黒を美しく着こなす最大のポイント。

USE_ラプソリュ ルージュ DM 507（ランコム）

Make-up

鮮やかリップを潔くつける

黒い服を着るときには、唇に存在感をだすとバランスがとれる。

写真では、赤に黒を混ぜたような深い赤を、しっかりと輪郭をとりながらのせている。輪郭をとることで、深い色でも清潔感と品が保てる。このほかにも、赤やローズ、ピンク、ブラウンなどははっきりとした色のほうがドレスに似合うので、いつもと違うリップを試してみてほしい。

リップの色を選ぶときには着ている黒の生地を思い描き、その上につけようとしているリップの色の花を一輪置いたところを想像する。たとえば、光沢のある黒の上に真紅ならわかりやすく華のある

アイラインはしっかり入れて、
リップも鮮明な色を選ぶこと
で非日常の表情に。

印象。黒を含んだ赤なら、どこか秘めたような雰囲気がでる。くすみローズならドラマティックな印象になるし、濁りのないフューシャピンクなら愛らしい雰囲気に。あえて自分の顔以外のものを想像すると、客観的に見られて色に迷うことが減る。

唇の色が決まったら、目元のメイクは淡く、軽めに仕上げるよう意識すると顔がうるさくならない。

同じ理由でチークもナシがいい。それだけで十分鮮やかで華やかな唇にチークをたしてしまうと、顔がうるさくなってしまう。顔色が悪くなるかも？　と心配するひとも多いが、このバランスこそしゃれて見せる大きなポイント。思い切ってチークをやめる勇気をもって。

Hair Arrange

ヘアは余裕の見せどころ

ヘアで難しいのが、特別な日の髪。結婚式やパーティーなど、服やメイクを頑張る日に髪も盛ってしまうと、とたんに全身からダサい空気が漂ってしまうから注意したい。

参考にするなら、ハリウッドやアジアの女優たちのドレススタイル。夢のようなドレスに反して、ヘアが驚くほどシンプル。これが、格別にそのひと自体の質を高めて見せ、おしゃれへの感度の高さや余裕をも感じさせる。

ただ、**シンプルな髪ほどコツが必要になる。**下準備としては、髪はうねりやごわつきがないよう、毛先までアイロンをかけつややかに。つややかな髪は、品と清潔感という美しさをくれるし、おろしてもまとめても360度どこから見ても美しく見せることができる。

まとめるなら、うなじ部分の低い位置で。低めのまとめ髪は甘みを削ぎ、ほどよくモードな雰囲気をだしてくれるから、服や顔を洗練された印象にしてくれる。

前髪はふわっと上からおろしますが、サイドの髪はタイトにピッタリとなでつけておくのがポイント。ボサボサ感なくヌケ感がだせる。

HOW TO MAKE ゆるシニヨン

アホ毛は品を削ぐからバームでなでつけて。

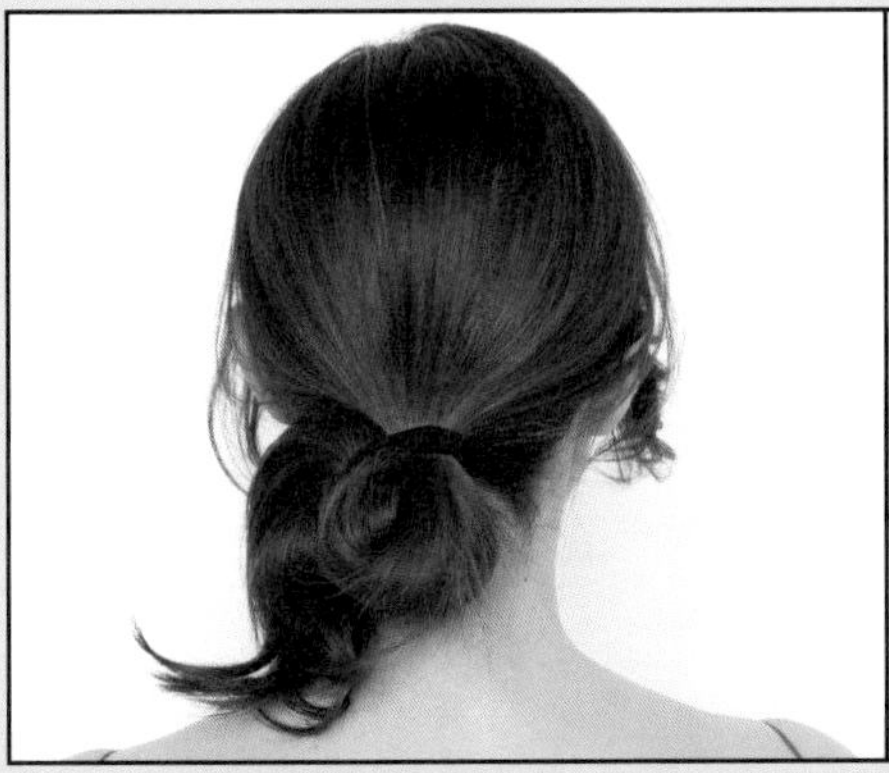

1 前髪以外の髪を後ろでまとめる

前髪を一部残して、全体を下のほうで一つに結び、毛先を最後に抜ききらずにまとめる。

2 ゴムを隠して毛先をピンでとめる

毛先をつかんでゴムのまわりを隠すように巻きつけながら、毛先をアメピンでとめる。

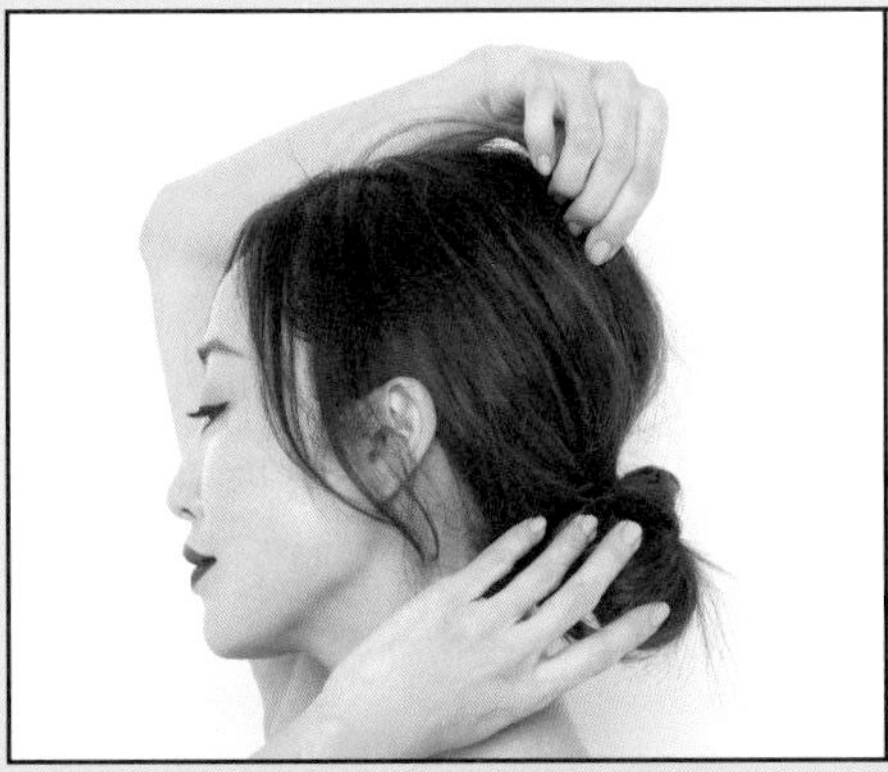

3 トップの髪を引き出す

ゴムのまわりを押さえながらトップの髪を少しずつ引き出す。横から見て後頭部がふんわりするように。

4 前髪を外巻きにして顔に影をつくる

前髪をとって、半分より下だけ外側に巻く。顔まわりに髪がかかるとムードが出るので美しく毛がかかるよう軽い巻きを加える。

Cosmetics

ツヤ肌をつくるコスメの名品

右から　**トリートメント セラム プライマー**　うるおいたっぷりなのに、くずれにくい優秀下地。ピンと張った肌に仕上げ、ファンデの効果を高めてくれる。30g ¥6,000（スック）／**ミネラルUVグロウベース**　肌になじませるだけで、スキンケアしたてのようなうるんだツヤ肌になれる。敏感肌でも安心して使えて紫外線カット効果も。30g ¥4,300（エトヴォス）／**スターターZ**　日焼け止め、トーンアップ、メイクアップベースの３機能を兼ね備えたマルチベース。明るく血色感ある肌に。30ml ¥2,500（セップビューティー）

右から　**ル フォンドゥタン**　思わずため息が出るくらい贅沢な着け心地。肌そのものを活かして美しく見せ、使い続けることで美肌に導いてくれる。30g ¥30,000（クレ ド ポー ボーテ）／**エクストラ リッチ グロウ クリーム ファンデーション**　時間がたつにつれて肌のツヤ感が移り変わり、一日を通して美しい仕上がりが楽しめる。乾燥知らずのリッチなクリームファンデ。30g ¥10,000（スック）／**ディオールスキン フォーエヴァー フルイド グロウ**　肌への密着感とつけ心地の良さ抜群で、一度使ったら手放せない。肌の酸化を防いでうるおいをキープしてくれる。30ml ¥6,000（ディオール）／**イーブン ベター リフレッシュ メークアップ**　まるで元から素肌がきれいな人みたいに、自然に仕上がるファンデーション。朝つけたての美肌が一日中続く。30ml ¥4,800（クリニーク）

Key Item

キーアイテムの選び方

柔らかく丸みのある女性らしさがほしいときには、触れ心地のよさやぬくもりを感じさせる素材、甘い空気をもったデザインを選ぶようにしている。

服の素材は、そのままそのひとの印象になるから、形や色だけではなく触れ心地や風合いから選ぶ。

甘いニュアンスのデザインやとろんとしたワンピースはダイレクトに可愛さをくれるけれど、甘さはときに分量を間違えると、大人の女性を野暮ったく見せてしまう。

だから、**デザインが甘いなら色は辛く、色が甘いならデザインはシンプルに、など、甘さのバランスが多くなりすぎないよう気をつけたい。**

可愛いだけなら甘いものを選べばいい。けれど大人の可愛さにはバランスが必要。可愛いけれど、どこか女らしい。どこかかっこいい。といった具合に、可愛さのなかに「自立している強さ」が必要だ。そうでないと、とたんに「イタい女」「若づくりの女」「時がとまっている女」になってしまう。

だから、どこかに「大人の雰囲気」が浮き立つものを選ぶこと。体のラインやデコルテの骨感をさりげなく甘さの中に見せる。

そのどれもが見えないニットなら、デニムやパンツで脚やヒップのラインを浮き立たせるのもいい。甘い服の日こそ、どこかに大人っぽさを。これがポイント。

Soft Knits

ゆるニット:左からマイラン／ドゥロワー／ドゥロワー／アクネ ストゥディオズ

Dresses

ワンピース:左からカイト／ヌメロ ベントゥーノ／アー ペー セー／リー マシュー／カーサフライン

Coordinate

ふんわりしててもライン見せはマスト

COORDINATE 1

ゆるニット
×
ワントーン
メイク

ふんわりと毛足の長いニットはオフショルダーで大人っぽさを。メイクは思いっきり甘く。目元もリップもチークもピンクでそろえ、ピュアな可愛さを。

ニット：アクアガール／スカート：ロシャス／サンダル：ピエール アルディ／バッグ：シャネル

COORDINATE 2

ワンピース
×
ブラウンメイク

ワンピースはシルエットで女性らしさを出して、メイクは質感で見せる。アイカラー、リップともにぬくもりのあるブラウンを選んで大人の可愛さを演出。小物で遊びを加え、自分らしさも楽しんで。

ワンピース：カリタ／サンダル：ジャンヴィト ロッシ／バッグ：ワイワイ

Check

チークで甘さを足す

「甘い」雰囲気がほしいときにポイントになるのが「丸み」。角のない、まあるい形は、ただそれだけで、柔らかくやさしい。顔も同じで、丸い印象のひとは、「可愛い」「童顔」「若い」印象のひとが多い。逆に、骨格がしっかりしたひとや、顎がとがっているひとは年齢が高く見えたり、シャープな印象を持っている。

「甘い」空気は、ごつごつした骨っぽさをほどよく隠して、角や先端を丸くすることで生まれる。それを、メイクでどうやって見せていくか。

一番簡単で効果が高い方法は、顔の中で、丸みがあると引き立つ部分に色やツヤを加えること。とくに、頬に柔らかく丸い印象をつくると、顔に甘みがでる。

ただ色をつけるだけ。なのにチークは意外と難しい。それは単純なプロセスなのに形や色づきが数ミリ変わるだけで顔の見え方ががらりと変わってしまうから。

甘い印象にしたいときには、正面を向いて黒目から下におろした線と、小鼻のつけ根から耳に向かって引いた線が交わる部分を目印として、やや楕円に色をぼかし、広げていく。眉尻より外に出すぎないように、中心から外に向かってだんだんと薄くなり、最終的にチークの輪郭が肌色と同化していくようなグラデーションになるといい。

輪郭がきれいになじまないでチークの色がパキッと浮き立ってしまうと「イタい」「若づくり」「似合わない」になるか

USE_チーキーシークブラッシュ03（スリー）

ら注意したい。メイクはなじませることで顔といい具合に溶け合う。これがとても重要で、しっかり色がつくと服がダサく見えるので注意したい。

まるで内側から血色がにじんでいるような色づきにするには、「何を使うか」も重要になってくる。

欲しいのは、毛量が多く、柔らかい大きめのブラシ。パレットに付属品でついているものではなく、専用のブラシが断然いい。プロもブラシにはとことんこだわる。魔法の手をもったプロでさえこだわるのは、使うもので仕上がりが変わることを熟知しているから。

クリームチークなら指でできるだけ細かくトントンとなじませること。

Eyes

縦幅を出すと愛らしく目元がうるむ

まあるくうるっとした縦幅の広い目は可愛さの象徴。そこに潤いをためこんだような潤みがあれば完璧。この目をもつだけで、「可愛い」印象はかなり高まる。

縦幅の広い目は、マスカラとアイカラーの塗り方がポイント。どちらも真ん中を縦に広げることで目の両端より真ん中が引き立ち、目の輪郭が丸くなる。

まず、アイカラーは上まぶたの真ん中に色を置いて左右になじませていく。とはいえ、左右に色を広げすぎないこと。

次に下まぶたの幅を広げるために、下まぶたのキワに沿って2ミリほど色付けをする。

まつ毛はしっかりまぶたの前に出るよう、根元からしっかり上げてCカールを。マスカラは全体に塗ったあと上下真ん中のまつ毛が伸びるよう真ん中に多く重ねていく。

ここに潤みや光を足していく。美容誌を見るとよくわかるが、目の中のうるうるっとした光。この「アイキャッチ」があるとないとではかなり顔が違って見える。**この光があるだけで、美しさも可愛さも10倍くらい引きあがって見えるから**だ。だから撮影では、カメラマンはアイキャッチが入るようライティングするし、ビューティー系のインスタグラマーやユーチューバーは自らキャッチが入るリングライトというものを購入し、目が潤むよう撮影をする。

でも、わたしたちが日常でリングライ

USE_ボーム エサンシエル スカルプティング（シャネル）

トを背負って生活するなんて非現実的。だから、目頭にライト代わりのハイライトを仕込む。

鼻と目頭の間にハイライトをパール2粒分くらい。これでかなり潤みが足されるから試してほしい。ここにツヤが出ると肌も綺麗に見えて鼻筋も通って見える効果もある。目尻にも入れると目が大きく見える。

それと、最近では瞳にアイキャッチをつくるコンタクトレンズというものもある。今までは黒目を大きくするためだったカラコンだが、本当の可愛さを目指すなら、黒目の大きさではなく潤みだ。不自然に大きな黒目ではなく、潤む目を目指したい。

HOW TO MAKE パッチリ目

難しいテクニックがなくても目の形が変わる！

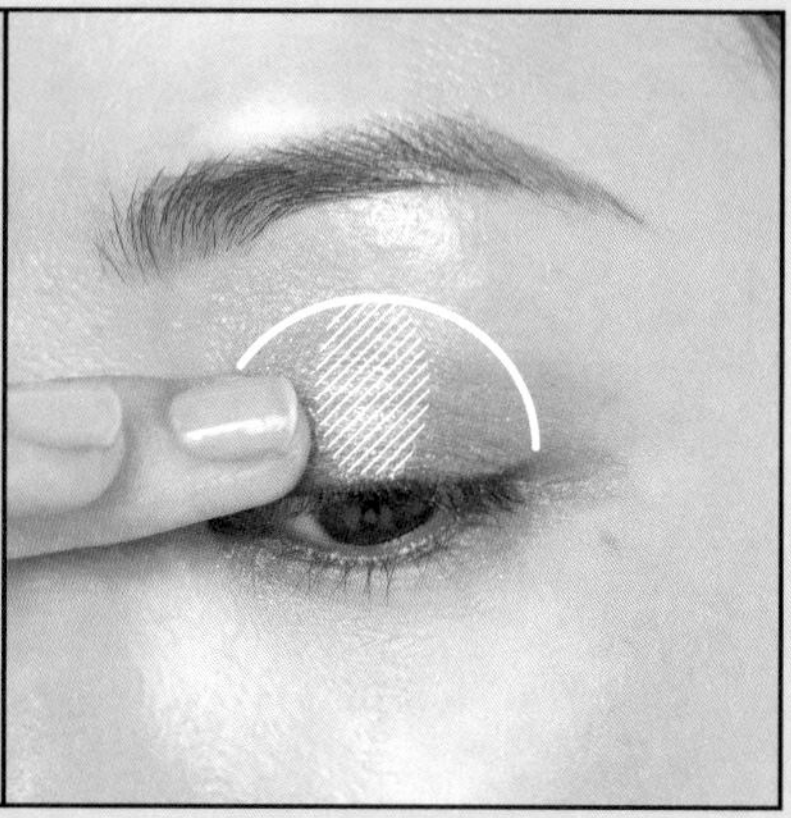

1

アイカラーは「縦長」を意識して伸ばす

アイカラーをアイホール全体にかまぼこ型に薄くひと塗りしたら、縦に長くなるよう、指で薄めのピンクをまぶた中央に縦長に重ね塗る。さらに黒目の上にパールを重ねると、より立体的なまぶたになって、目が縦に大きく見える。

USE_ペタル アイシャドウ01、03（トーン）

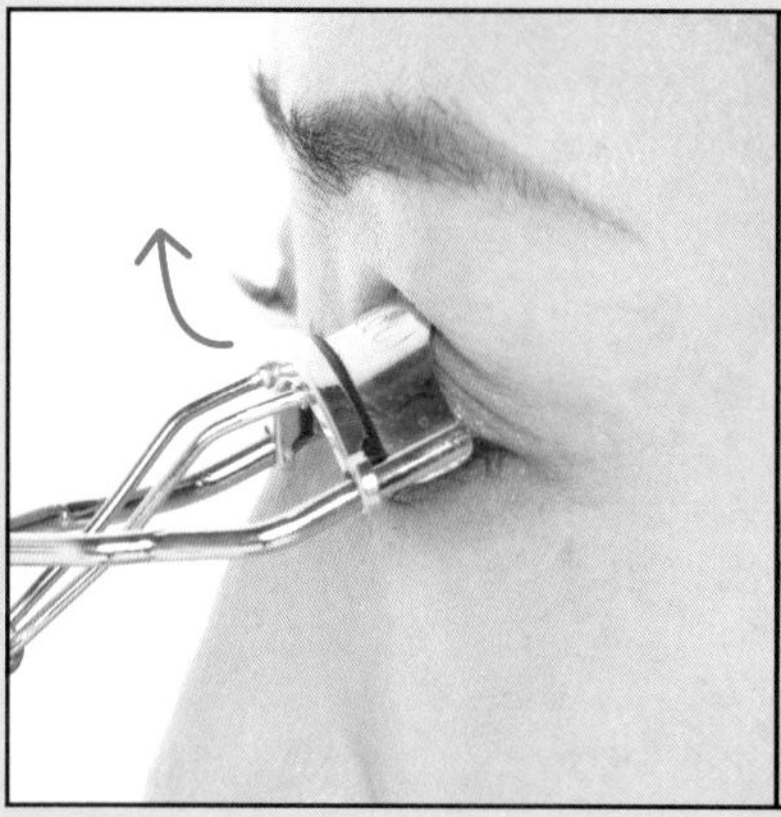

2

ビューラーは、手首がかえるまで上げる

ビューラーは、根元にぐっと入れ込んで、最初に根元をしっかり上げる。それから、少しずつズラし、小刻みに挟み直していく。まつ毛のカーブはJカールが今っぽいけど、ガーリーな目にしたいときはCカールに。最後は手首がかえるまで上げる。とくに真ん中のまつ毛をしっかり上げるとパッチリした目元になって、光を集めて瞳がウルウルする。

USE_アイラッシュ カーラー（スック）

3

マスカラは中央をしっかり持ち上げながらつける

目の縦幅を広げるにはマスカラの使い方が大切。まつ毛全体が放射状に広がるように全体に塗ってから、黒目の上下にだけ重ねてさらに長さと存在感を出して、縦長な目にする。下まつ毛の真ん中にもしっかり塗り重ねることで、生まれもった目の形が整形級に変わる。

USE_ラッシュ クイーン　フェリン　エレガンス（ヘレナ ルビンスタイン）

4

目頭と目尻のうぶ毛までまつ毛にする

最後に、小回りのきく小さなブラシのタイプ、またはブラシを縦に使って、目頭と目尻のうぶ毛まで拾ってしっかりマスカラを塗る。うぶ毛もマスカラを塗ればまつ毛が増えた印象に。目が大きく見えるので、もらさず丁寧に塗ること。

USE_ラッシュ パワー マスカラ ロング ウェアリング フォーミュラ 01（クリニーク）

Lips
大人可愛いピンクリップ

「もう何歳だからこの色はつけない」そんなふうに年齢や人の目を気にして自分の楽しみや進化の邪魔はしたくない。肌の色や質感、体のフォルムは年齢とともに変化するけど、「似合う」ものだけに限るのではなく「似合わせる方法」を探ればいい。

年齢を重ねると苦手になるのがピンク。なかでも、とくに甘さや優しさを感じさせる淡めのピンクが顔から浮きやすい。白やピンクといった、濁りのない明るい色が似合わなくなるのだ。**なぜなら顔のうえに影が増えたり、肌色にムラができたりと、クリアな色とのズレが生まれる**

右から　**ルージュルミヌ 3** ¥5,000（クレ ド ポー ボーテ）／**ラプソリュ ルージュDM 274** ¥4,000（ランコム）／**ルージュ シュペルブ 08** ¥3,800（エレガンス）／**ヴォリュプテ プランプインカラー 1** ¥4,300（イヴ サンローラン）／**ザ ルージュ PK856** ¥3,500（コスメデコルテ）

から。瞳や歯といった部分もくすみを増すので、工夫しなければ、どんどん似合いにくくなる。

　ピンクを似合わせる最大のポイントは「肌のトーンを少し上げること」。

　でも、ファンデーションの色を白くすると浮いてしまうので、変えるのは下地とパウダーがいい。下地はラベンダーやピンク。パール入りもいい。そのうえにファンデーションを重ね、粒子の細かい透明感の出るパウダーを大きめのブラシでまとう。粉はうまく使うと肌を白く見せる効果がある。そのあとに、ピンクリップと同系のピンクのチークを広めに重ねる。チークの濃淡は、いちごミルクくらいの薄さにして、甘すぎないように調整するのがポイント。

Hair

ふわふわヘアで触りたくなる髪に

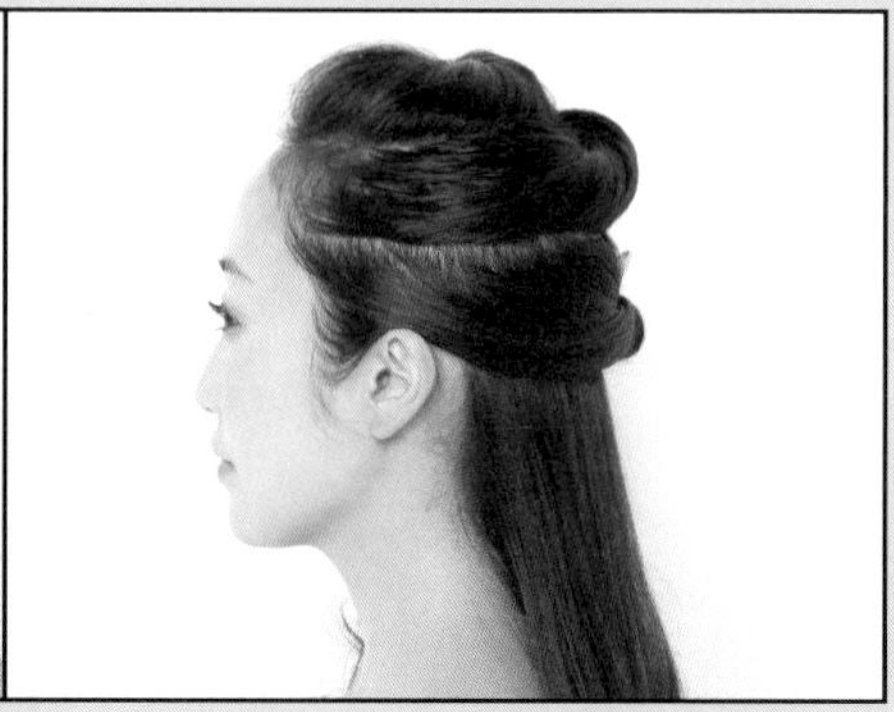

1 全体を均等に4段にブロッキング

ブロッキングはざっくりでいいので、4段くらいに分ける。

2 一番下の段から、根元まで巻く

一つの段を4束くらいに分けて巻いていく。内巻きと外巻きをランダムにしたミックス巻きで、ふんわりとしたボリュームを出して。

3 サイドは、頭の側面と平行にする

サイドは、髪を真横に引っ張り、アイロンと頭の側面が常に平行になるようにしながら巻くと、髪がおりたときのほぐれ感が綺麗。

4 顔まわりは外巻きで

顔まわりは外巻き（リバース巻き）に。これが内巻き（フォワード巻き）になると、かなり古臭い印象になるので注意！

だから、メイクも服も、自分から浮いて見えないような工夫が必要になる。

わたしがよく取り入れるのが、甘い服を着たときのヘアを、ぴたっとタイトにまとめること。なぜなら、甘い服に「頑張った」巻き髪がくっつくと、イタさが勝つから。

甘い服にはタイトなまとめ髪やストレートの髪、毛先をのがしたラフな巻き髪や、幾つかの異なる巻きをミックスした髪など、正統派でないアレンジをすることで、イタく見えないですむ。

他にも、顔と髪を甘くしたときに、さらっとした女っぽいシンプルなワンピースを組み合わせるのもわたしの基本のひとつ。ヘア、メイク、服の中で「わかり

ヘア、メイク、服の中で甘さと辛さのバランスをとる

やすく」甘さと辛さを組み合わせるだけで、甘さが調節できる。

そして、大きなカラコンや不自然なまつ毛エクステは、大人の顔から浮いて見えやすいから、どこかのタイミングでさよならしたい。

もちろんすべてがダメということではなく、加減やシチュエーションを見極めることが大切、ということ。

優秀な美容外科のドクターが共通して言うように**「新しい顔をつくるのではなく、いい状態だった自分の顔に戻す」「5歳若返ったらやりすぎで、3歳くらいで止めておく」**くらいの、ある意味物足りないくらいでやめることが重要なのだ。

Cosmetics

甘さを楽しむコスメの名品

上から　**デザイニング カラー アイズ08**　肌になじむブラウンカラーに、濡れたようなきらめきが加わり、繊細で深みのある目元が叶う。¥6,800（スック）／**コンスピキュアス アイズ 01**　自然なメリハリと、透明感あふれる目元に仕上がる。目が合ったら逸らせないピュアな吸引力のある眼差しに。¥7,000（アンプリチュード）／**フローレスグロウ フラッシュブラッシュ 07**　鮮やかな青みピンクが、肌をより明るく際立たせてくれる。素肌に溶け込むようになじみ、温かみをプラス。セット価格¥5,000（キッカ）

上から　**アイ カラー クォード26**　強さのある官能的なウォームカラーで、奥行きのある眼差しを演出してくれる。¥9,200（トム フォード ビューティ）／**カラーリングシアーチークス01**　ヘルシーなコーラルピンクが軽やかに色づき、まるで素肌のような自然なツヤと血色感を演出してくれる。セット価格¥5,000（ルナソル）／**パウダー ブラッシュPK800**　美しく魅せる可憐なライトピンクでふんわり可愛い印象に。内側からにじみ出るような血色感がくすまず続く。¥5,000（コスメデコルテ）

Snap

大人可愛い服には
バレリーナヘア

大人可愛いワンピは、ラインがカーヴィー。バレリーナ風にヘアは高めタイトにまとめ、メイクはベージュのワントーン。肌はツヤ肌で大人の質感。

—

Dress：ジマーマン
Shoes：イヴ サンローラン
Bag：マーク クロス

甘め服にメイクで
大人ニュアンスを

チェリー柄でパフスリーブという甘いセットアップは、まとめ髪と大きめフープピアスで大人っぽく。服の色に合わせてピンクリップをレイヤード。

—

Dress：ハーリップトゥ
Shoes：ジャンヴィト ロッシ
Bag：ジェイ＆エム
　　デヴィッドソン

全身白なら
パンツを選択

シャープな靴、無骨な時計、シルバーのアクセに毛先をのがしたストレート寄りの極ゆる巻きで甘さを削いだら、メイクはピンクのワントーンで。

—

Tops：ドゥロワー
Pants：ドゥロワー
Shoes：ジャンヴィト ロッシ
Bag：ジェイ＆エム
　　デヴィッドソン

軽やかなマキシは
まとめ髪で

バランスをとったまとめ髪に、メイクは服の色とリンクしたオレンジのシャドウ、ブラウンのリップを。チークなしでも唇をふっくら描き甘さを。

—

Jacket：ソブ
Dress：ケイタマルヤマ
Shoes：ザラ
Bag：ショッピングバッグ

CHAPTER 4

知的に見せたい日

Coordinate

コンサバにひとさじのインパクト

COORDINATE 1

とろみシャツ × グラデーションメイク

動くたびに揺れるブラウスと色柄の存在感あるスカートをコーデしたら、ブラウンのグラデーションで目元を印象深く。凛とした女性らしさが出せる。

ブラウス：ロシャス／スカート：ヌメロ ヴェントゥーノ／ヒール：ジミーチュウ／バッグ：クロエ

COORDINATE 2

カラーパンツ × 立体感メイク

カラーパンツのときには、骨格を目立たせるためにヘアはタイトにまとめる。顔が全体的に出るぶん、光と影を効率的に塗り分けて、知的な印象に。

ジャケット：ケイシラハタ／ブラウス：ドゥロワー／パンツ：クロエ／ヒール：ジャンヴィト ロッシ／バッグ：ジェイ＆エム デヴィッドソン

Contouring

骨格を際立たせると知的に見える

平坦な顔は幼く見え、親近感が湧きやすい。けれど知性を感じさせたいなら、程よい凹凸が必要。

まずは、影をつくってシャープに見せる部分から始める。場所は、フェイスライン、額の角、両方の小鼻の上部分。

フェイスラインは、卵を逆さにしたようなライン。輪郭をなぞるようにローライトカラーで線を引く。これはフェイスライン側に手やスポンジでぼかすだけ。

もう少し立体感がほしいときは、肌より一段暗いパウダー（よくアイブロウパウダーのパレットにセットされているロートーンのパウダー）をブラシにとり、眉頭の下から目頭までさっとなで、さらに薄いタッチで小鼻の付け根までつなげる。仕上げに小鼻から鼻先に向かってひとはけずつ。

ハイライトは、50ページで紹介したように、額、鼻筋、頬、顎。まず、額の真ん中にパウダーやクリームハイライトで小さな楕円形を描く。鼻筋は眉間の下から鼻先まで2ミリ幅の細さで光を足す。

頬はビーンズ型に光を入れる。こうすることで頬が高く浮きでる。

顎には大粒のパールをひと粒のせる感覚で、丸く光をのせる。顎がきゅっとシャープになり、発光するようなツヤが女性らしさと知性を感じさせてくれる。最後に、肌より半トーン暗めのコンシーラーで小鼻からフェイスラインまで横線を描く。それを下にぼかすことで、きゅっと引き上がった頬に見せることができる。

POINT OF MAKEUP

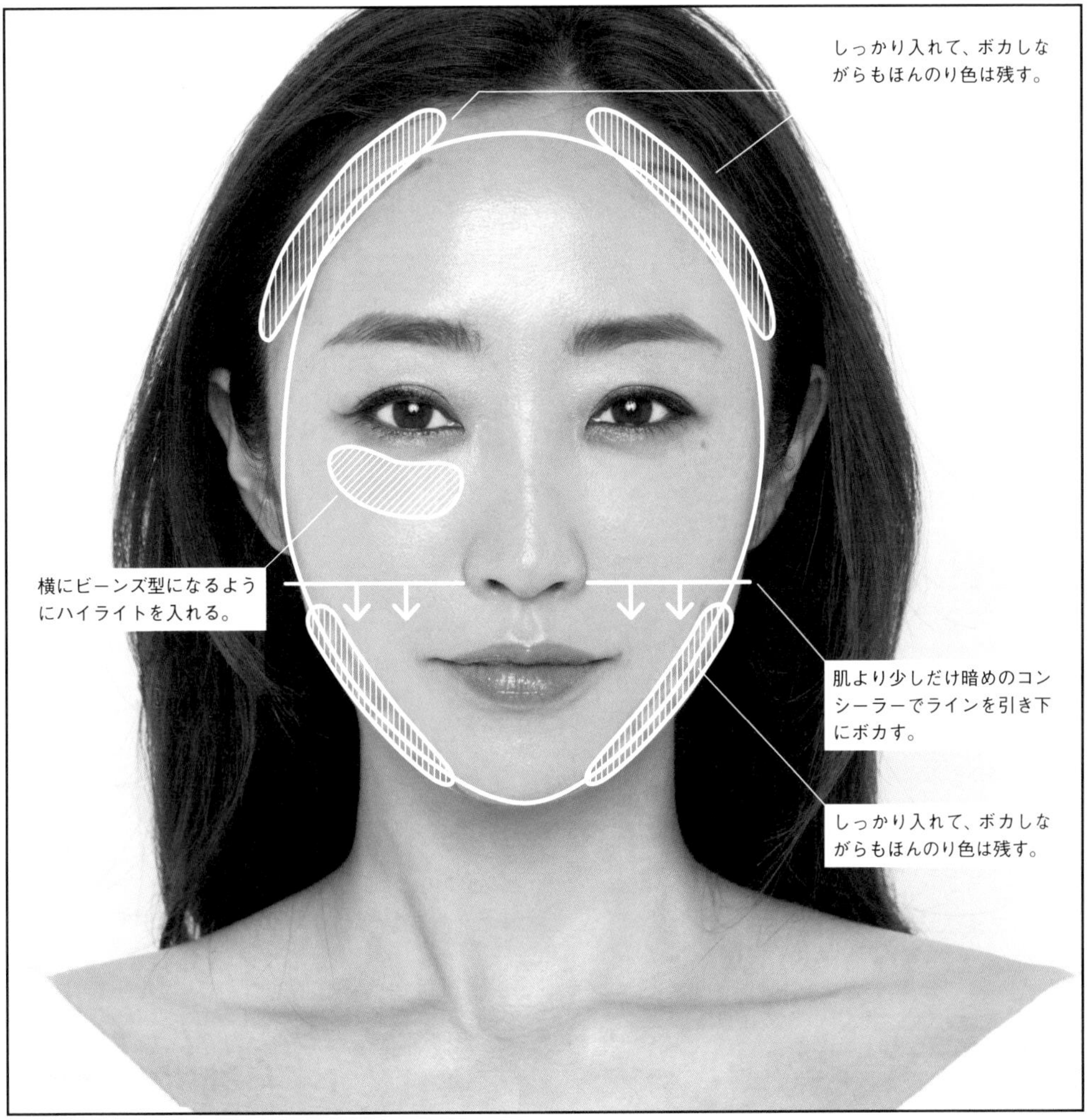

USE_コントゥアリングスティック（ルナソル）

卵を逆さにしたように輪郭を自分の顔に描いてみる。おでこの左右は濃いめに入れた方が顔が締まる。顔の下半分も、少しだけ暗めのトーンにすることで、年齢と共に長くなる頬を引き締めて見せられる。

Eyes 横長な目元で奥行きのある知性を感じさせる

知的な雰囲気にしたいなら、色はスキントーン。アイラインはダークなブラウンシャドウで太め、横長に入れることで、深い眼差しになる。そこにもう少し深みやクールさがほしいなら、下まぶたにも色をのせる。アイラインを引いたブラウンシャドウで、下まぶたのインサイドにも色をつけ、そのあと下まぶたにも3ミリほどの幅で上まぶたと同じアイカラーをなじませることで、さらに印象深い目元になる。

知的なメイクは顔の上に鮮やかな色を使わないぶん、のっぺりとしやすいので、アイメイクで顔に深みをだす。

EYEBROW

眉頭の立ち上がりで凛とした顔に

顔の印象を左右する眉は知的なメイクのときこそ重要。とくに眉頭は垂直に立ててキリリとさせて、全体的にしっかりめに描くのがポイント。基本より眉尻を長めに描くことで大人っぽい表情に。眉頭は濃すぎないこと。

USE_スージー スリムエキスパート SP02（スージーニューヨーク）

USE_デザイニング カラー アイズ 08（スック）

EYELINE

パウダーなら囲み目もやさしく

濃いブラウンのパウダーでアイラインを引き、同じ色で下まぶたのインサイド、下まぶた全体にも3ミリほどの幅で囲んで印象的な目元に。ビューラーでまつ毛を上げすぎないようにして、目尻のラインを長めに描くと自然な切れ長に。顔の濃淡が簡単に調整できるので覚えておくと便利。

Hair Arrange

横顔なら誰でも美人に見せられる

横顔が好き。正面より、ずっと「想像させる余白」があって魅了される。どんなひとなのか？　なにを考えているのか？　正面よりわかりにくいからこそ、気になる空気がでる。それに、正面より、ずっと美人に見えやすいというのもうれしい。

雰囲気のある横顔は、顔まわりの髪がポイント。額の角を隠すように沿う髪がムードを出してくれる。

清楚さや透明感がほしいときには、顔に落ちた髪と後ろの髪の間から「耳を見せる」。これだけで清潔感が出る。横顔は、耳を出すか出さないかでかなり印象が変わる。

たとえば撮影のときには、同じシーンで、耳出し、耳隠しの両方を撮ることは珍しくない。それによって、色気、清潔感、取り巻く空気の明るさなどががらっと変わるからだ。

鏡に斜め横顔の自分の顔を映し、耳に髪をかける、かけない、すべて見せる、すべて隠す、といった具合に、耳と髪で変わる印象の変化を確認すると横顔のバリエーションが広がる。

ちなみに、髪の質や年齢によって、額の角の産毛が細くなり、髪と髪の間が薄く透けてしまう場合がある。この額の角が透けると途端に老けた印象になってしまうから、**髪の色に近いパウダーでその部分に色を重ねるといい。**最近では、育毛のメニューのあるクリニックも増え、髪への意識が高まっている。

正面だけではない自分の見え方や雰囲気づくり、楽しみながら工夫したい。

Accessories

「わたしらしさ」は小物で

その日決めた「雰囲気」の中にも、わたしらしさや女らしさは楽しみたいし、どこかでそれを感じてもらえるように意識している。

「いろいろな顔をもっているけれど、全部神崎さんらしい」といううれしい言葉の理由はここにあるのかもしれない。知的な雰囲気をテーマにしたときは、服やヘアメイクは、シンプル寄りなものになることが多い。だからこそ、靴や小物、この小さな面積にわたしらしさを投影。

アクセサリーは、パールと地金のコンビ。パールのまろやかさと発光するような透明感。そこに地金の強さが組み合わさることで、遊び心が出せる。

足元は、透けたり、とんがったり。シャープさと繊細さが交わったものを選ぶ。正統派のコンサバティブではなく、こちらにもちょっぴりだけ遊び心をプラス。

どんなにシンプルな服でも、爪の先や足先にちょっと自分らしさがあるだけで、感じる楽しさがある。

ほかには、バッグや服や靴にゴールドやシルバーの金具がついているときには、アクセや時計もその色と合わせることにしている。

毎日つけている結婚指輪はプラチナとゴールドを組み合わせているから、その他に組み合わせるアクセとの相性を気にせずいろいろ試せてとてもいい。

小さなピアスひとつでも、全身のバランスはつながっているから、必ず全身がうつる鏡の前でいくつかを試して選ぶことにしている。

パールは遊びのあるデザインを選んで「いい子」にならない

右からヒロタカ／アリギエーリ／アリギエーリ／マジョラム／マリア ブラック／カドー

女っぽさと、とがった空気を両方持つもので、雰囲気づくり

すべてジャンヴィト ロッシ

Cosmetics

知的な顔になれるコスメの名品

1.フェイスイルミネーター 04 微細なパウダーが自然で上品なツヤを肌に与え、本来の美しさを引き出してくれる。顔色がワントーンアップ。¥5,200（ローラメルシエ）**2.ミネラルハイライトクリーム** 誰でも簡単に内から発光するようなツヤ美肌になれるハイライトクリーム。肌悩みもケアできるというすぐれもの。¥3,500（エトヴォス）**3.スージー スリムエキスパート SP02** 超極細芯で眉毛を足したい部分にピンポイントで描け、近くで見ても細密な自眉のようなリアルな仕上がりに。¥1,200（スージーニューヨーク）**4.コントゥアリングスティック** ファンデーションを濃くしたような色味のスティックで、肌の色に溶け込むナチュラルな陰影が簡単に描ける。¥3,000（ルナソル）**5.スタイリングアイゾーンコンパクト** 5色セットのアイブロウパウダーで自在に色の調整ができ、これ1つでアイゾーン全体の立体感が演出できる。¥4,200（ルナソル）**6.クリエイティブアイブロウ エレメンツ** 薄眉さんの救世主！ 肌測定器でアイブロウアイテムの組み合わせを選定し、自然な眉づくりを叶えてくれる。¥5,000（イプサ）**7.ボリュームアイブロウ マスカラ 02** 毛流れを整えながら、上品なツヤとボリュームを与え立体感を演出してくれる。知的な大人眉には欠かせない。¥3,000（スック）

Key Item

キーアイテムの選び方

何十年といろいろな服を試してきて思うのは、「カジュアルって難しい」ということ。さらっとカジュアルに仕上げるって、センスが必要。メイクも同じで、ナチュラルメイクこそ難しい。特別なことはなにもしていないと思わせる仕上がりにするのは、いろいろな手間や工夫、技が必要だからだ。

カジュアルといえば、デニムとTシャツという永遠のアイテムがある。ただ、**シーズンごとにちょっとしたトレンドがある。**たとえば、股上の深さや、シルエット。Tシャツに関しても、袖の感じやサイズ感など、ただ着ればいいというわけではなく、選んで着ることが他のアイテムより重要になってくる。

デニムが似合うひとが憧れだった。でも、デニムはひとを選ぶアイテムなのではないか？　そう思ってきた。

モデルがさらっとはくデニム。ただのパンツが究極にエレガントでゴージャスに見えるあの不思議な光景。そのシンプルさを何度真似し、何度心折れてきただろう。どうしたってあのこなれた雰囲気は出ず、幼稚になってしまったり、ラクだからはいてます、といった生活感が出てしまう。

だから、手足が長く、ヒップがきゅっと上がった、選ばれし者だけが着こなせるのだと諦めてきた。

でも、ここ数年で、なんとなくわかってきたことがある。**デニムをいい具合にはくコツはトータルバランスにある。**全身のシルエットがなにより大切だ。

T-shirts

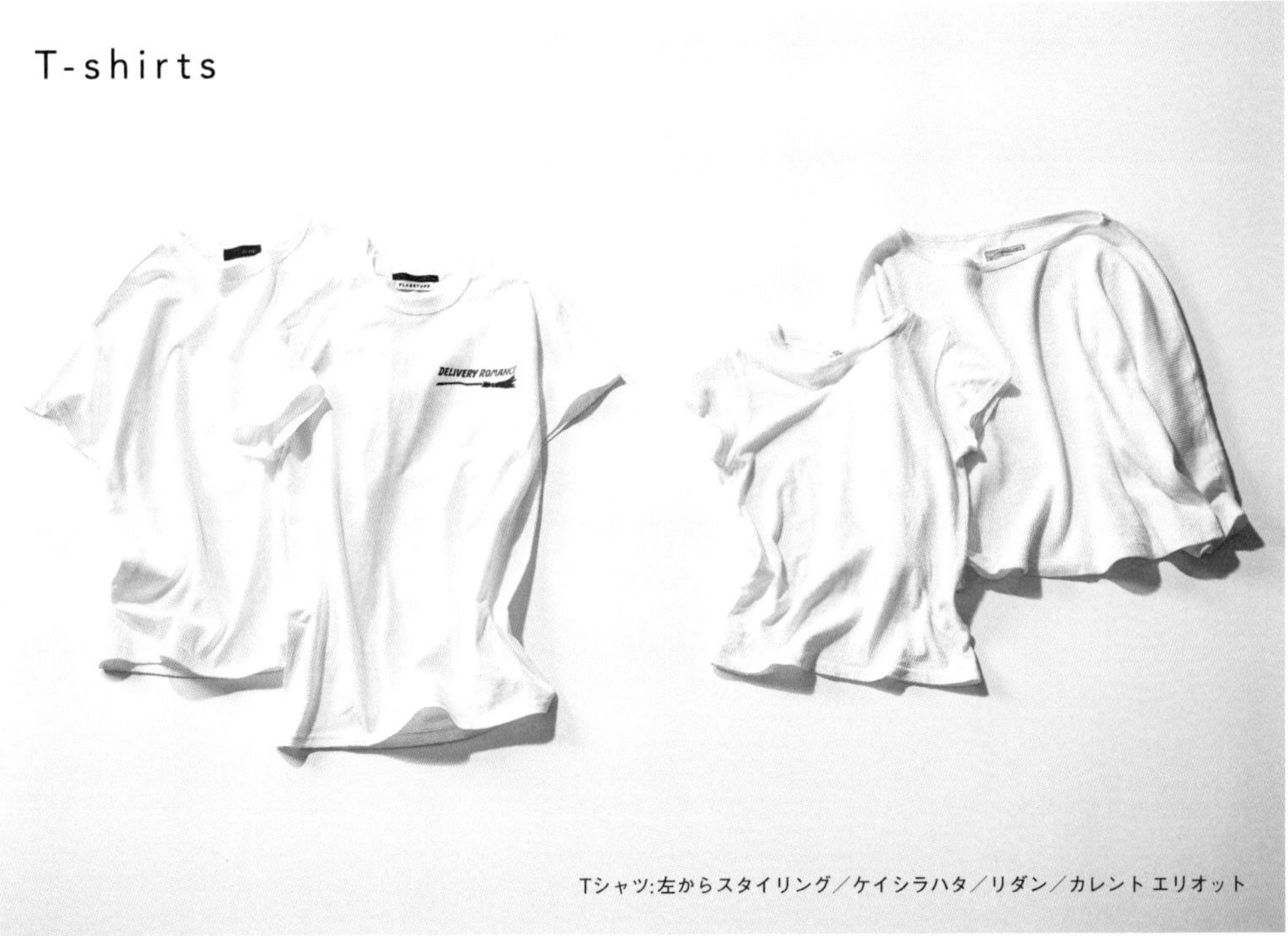

Tシャツ:左からスタイリング/ケイシラハタ/リダン/カレント エリオット

Denims

デニム:左からサージ/スタニングルアー/リダン

Coordinate

カジュアルはどこかに女らしさを

COORDINATE 1

Tシャツ&カットソー × リップ主役メイク

リラックスした生地感のトップスにはサラッと仕上げた肌にインパクトのあるリップカラーを。肌が重いとコンサバ顔になってしまうので、素肌が透けるくらいに薄く仕上げて。

スカーフ:エルメス／カットソー:シー／パンツ:クロエ／サンダル:クロエ／バッグ:ロエベ

COORDINATE 2

デニム × 休日メイク

デニムの日には、素肌が透けるベースメイクをする。下地やクッションファンデで軽やかな肌を合わせるのがポイント。キレイ色トップスやヒールを合わせ、デニムを自分のカラーで着こなして。

ブラウス：ラケル ジニス／デニム：シー／パンプス：シャネル／バッグ：セリーヌ

ニット:カレンソロジー
パール:ミキモト
メガネ:オウデン

Make-up

カジュアルメイクのコツ

カジュアルな服にマッチして、なんでもない服をかっこよく見せる顔。メイクの中で、実はこれがいちばん難しいのではないかと思う。それは、テクニックではなくセンスだから。

大切なのは、「やらない」という選択をすること。ついついいつものように動いてしまう手を止め、ぐっと我慢するという、それはそれは難しいことをしなければならない。

冒頭でお話をした、究極のミニマムメイクと同じように、「やりすぎない」ことが大きなポイントになる。

カジュアルな服が似合うメイクのポイントは、軽い肌。やりすぎない目元。流行りのリップカラー。そしてカジュアル

だからこその丁寧に仕上げた髪。その4点だ。

カジュアルな服を着ると顔が浮く、というひとは、まず肌が重いこと（塗りすぎ、隠しすぎ）が原因の場合が多い。肌はマットにならないよう、シアーな仕上がりになるものを選び、素肌感を残すこと。軽い肌がカジュアルな服と相性がいい。

まつ毛もカールしすぎず、マスカラもロングタイプをさらっと塗るか、薄づきタイプを選んで、大げさではない目元をつくる。服で力が抜けているぶん、メイクに力が入ると、服と顔のコントラストが効きすぎバランスが悪くなる。目元は力みやメイク感が出やすいからこそ、特別さらっと仕上げ、軽やかさを出すといい。

それにトレンドの色の唇だ。唇にしゃれ感があるだけで印象はぐっとあかぬける。美容感度の高いひとと思わせることで、その他のラフな服や髪すべてを「あえて」に見せる効果もあるからここは必ずおさえるべきポイント。

ただ、髪だけはある種の丁寧さが必要。ラフに束ねたとしても、うねりやパサつきがあると途端に生活感が出てしまう。かといって、きっちりまとめると、力みやキッチリ感がでて、カジュアルなムードがぎくしゃくしてしまう。つくりこみすぎず、パサつきをおさえてツヤ感だけは守って。

"力の抜けたアイメイクでラフ感をだして"

Tシャツ：ロマンス／リップ：ラプソリュ ルージュ マット 178（ランコム）

Lips 赤リップを楽しむ

「おしゃれなひとって血色レスメイクか赤リップかどちらかだよね」

美容界でもファッション界でも、共通していわれるおしゃれな顔のポイント。たしかに、甘さを潔く削ぐとモードな雰囲気になって、しゃれて見えやすい。

黄土色や、ダークチョコレートのようなブラウンなどの血色感のない口紅は、つけこなせるようになると、似合う服がぐんと増えておしゃれに見える。

けれど、まず乗り越えるべきなのは赤リップ。赤は血色感を出してくれるから顔色や肌の色が綺麗に見えるうえ、実はどんな服にも似合う。

右から　リップスティック マット 2974　¥3,300（ナーズ）／**ヴェロア エクストリーム マット リップスティック17**　¥3,100（ローラ メルシエ）／**ルージュ アンリミテッド マット RD 171**　¥3,200（シュウ ウエムラ）／**ルージュ ディオール 999 マット**　¥4,200（ディオール）／**ヴィジョナリー ジェルリップスティック Ginza Red/222**　¥3,600（SHISEIDO）

自分の目が慣れるまでは違和感があるというひともいるけれど、慣れればこっちのもの。堂々とつけていれば、似合う、似合わないを超えて「個性」になる。違和感を超えるまで試し続けるのが攻略のコツ。

　選ぶとき、**初心者の人はツヤありのものではなく、セミマットやマットの質感のものから始めるといい。**ツヤがないぶん、重くなりすぎずにつけこなせる。

　そのときには、アイカラーもチークもナシで塗ると、全体のバランスがとれてしゃれた仕上がりになる。

　顔の上の色は唇だけ。そんな潔いバランスが、顔と服をしゃれて見せてくれる。

Shoes

余裕がただよう ぺたんこ靴を選ぶ

実は、ぺたんこ靴恐怖症だったわたし。小柄なわたしの体型とぺたんこ靴は、より小柄にバランス悪く見せる気がして長年避けてきた。でもフラットな靴でしか出せない余裕とリラックスした雰囲気が可愛くて数年前に解禁。足の甲や指などの肌部分が多く見えるものや、ボリュームのあるスニーカーがバランスアップのポイント。
右からアレキサンダー マックイーン／マルニ／ランバン／ザラ／フェラガモ／ザラ／シャネル

Snap

大好きな バランスコーデ

デニム×シンプルトップスには、ヒールと鮮やかリップを。アクセはシルバーの地金系かパール。髪はくしゃっとラフにし、あえてのデニム感をだす。

—

Tops：スタイリング
Pants：シンゾーン
Shoes：ジミーチュウ

シンプルコーデに 色っぽい肌

カジュアル服に色っぽい顔もあり。肌に生っぽい湿度とツヤを仕込んで「ヘルシーだけど女っぽい肌」とボリュームのある巻き髪で仕上げて。

—

Jacket：サカイ
Tops：アンスクリア
Pants：ユナイテッド アローズ
Shoes：ジャンヴィト ロッシ
Bag：ジェイ&エム デヴィッドソン

デニムは 色で遊んで

デニムのカジュアル感に深い赤のブーツをあわせ、ネックレスはターコイズ。色と色を遊ばせやすいデニムには、透け感のあるメイクで抜けと透明感を。

—

Jacket：イヴ サンローラン
Dress：ガニー
Shoes：ジャンヴィト ロッシ
Bag：ジェイ&エム デヴィッドソン

大胆な色柄の日は ヘアと肌で抜く

チェックが子どもっぽくなりすぎないよう足元の肌見せで調整。インパクトのある色には髪や肌をナチュラルに。リップは山吹色でしゃれ感を。

—

Knit：ドゥロワー
Pants：ドゥロワー
Shoes：ピエール アルディ
Bag：セリーヌ

CHAPTER 6

知ってるだけで おしゃれ度アップの お役立ちテクニック

HOW TO 時短メイク

ポイントをおさえればいつでも綺麗でいられる！

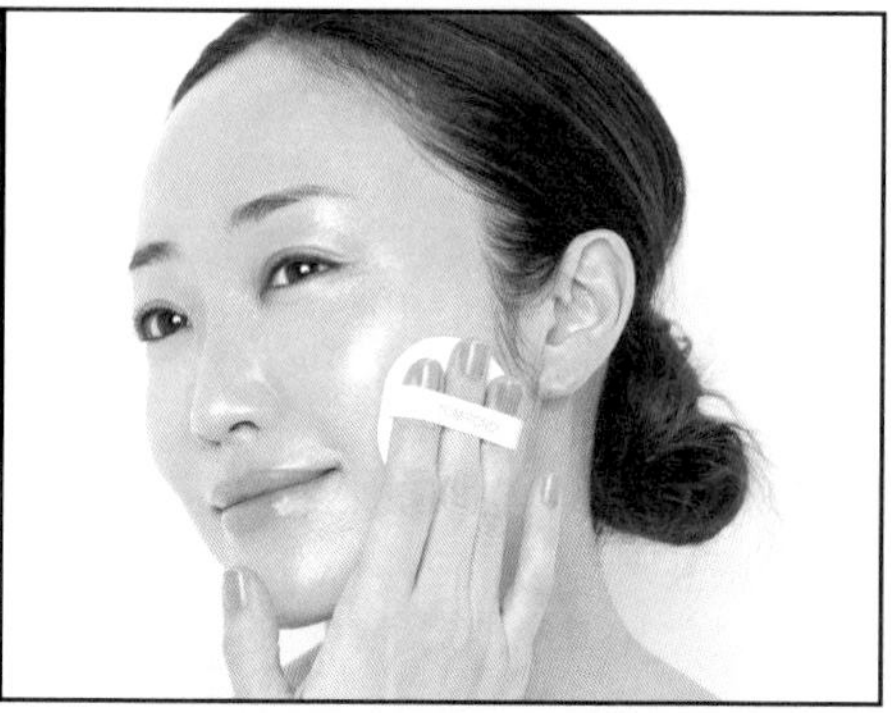

1 肌づくりはクッションファンデ

日焼け止めを兼ねた下地を顔全体に塗ったら、クッションファンデで肌をつくる。厚塗りにならず、ツヤ肌で程よくカバー力のあるものを選ぶこと。

USE_ソレイユ グロウ トーン アップ ファンデーション（トム フォード ビューティ）

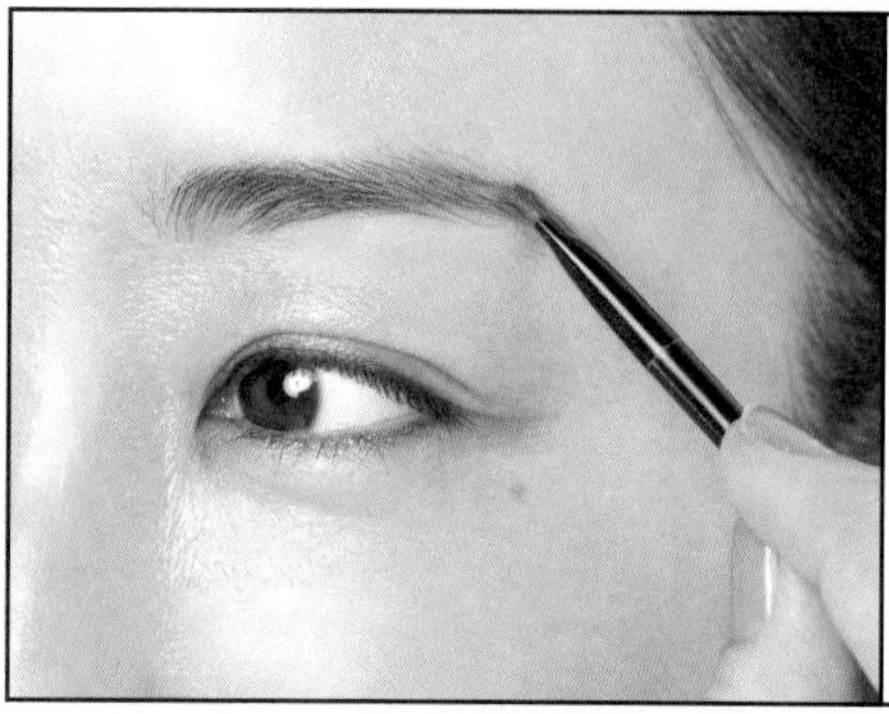

2 全体に薄めに眉を描く

眉毛をパウダーで全体にふわっと描き、形を整える。あまり濃くならないように気を付けつつ、太さをキープしてナチュラルに。

USE_スタイリングアイゾーンコンパクト（ルナソル）

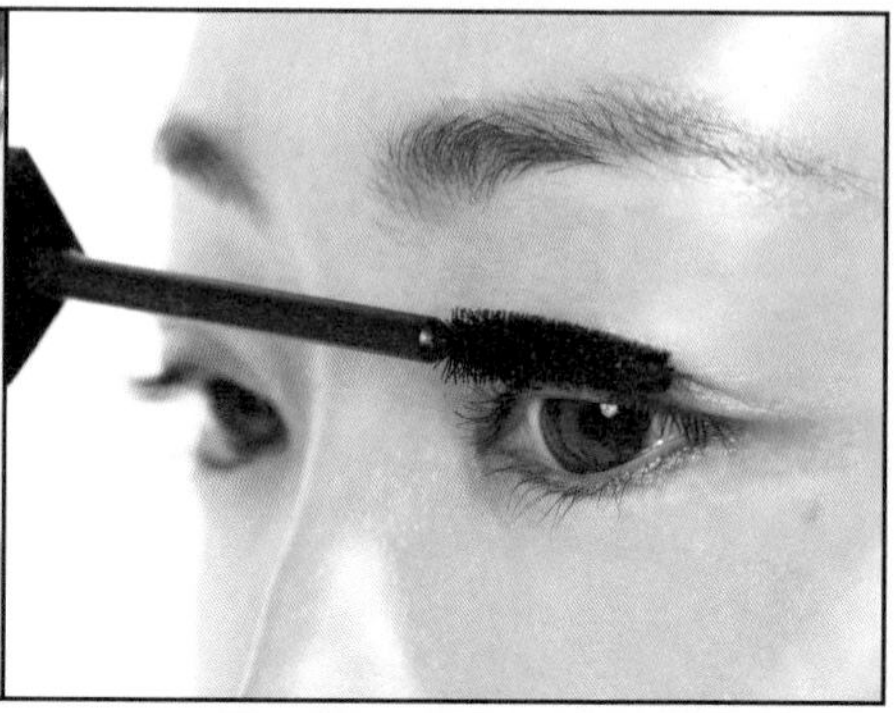

3 マスカラも軽く塗ると顔が締まる

マスカラブラシをまつ毛の根元にぐっと入れて、毛先まで3回ほど塗る（忙しいときは省略してメガネでもOK)。

USE_ラッシュフォーマー ロング（ケイト）

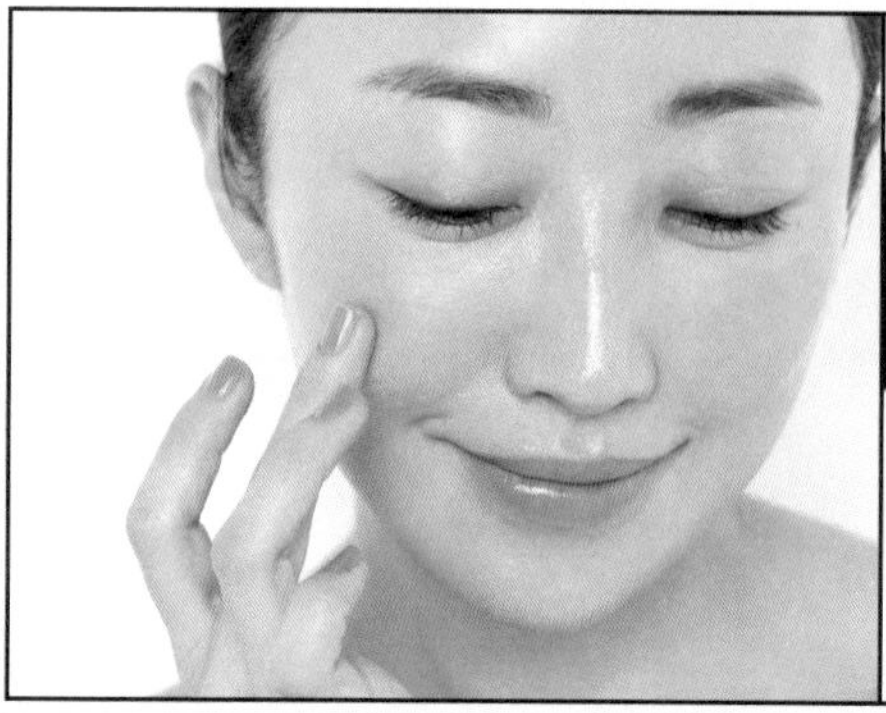

4 クリームチークで血色感をプラス

ツヤの出るクリームチークを頬の高いところに重ねる。ナチュラルメイクのときはクリームチークの血色感が必須！

USE_クリーム ブラッシュ PK851（コスメデコルテ）

5

リップは鏡ナシで塗ってもOKな薄いものを

透明感のあるグロスを、唇の中心から塗って、ふっくらさせたら完成。

USE_ディオール　アディクト リップ マキシマイザー 006（ディオール）

清潔感を保ちながら綺麗な印象になるポイントは3つ。**肌のツヤ。ぬくもりを感じる血色感。フサフサしてツヤのある毛**だ。このポイントをおさえておけば、あれこれ手をつくさなくても全体のムードが「ツヤめいた綺麗なひと」になる。

ツヤとなめらかさの出る防御率高めの日焼け止めに、ツヤはもちろん、カバー力と透明感のバランスが優れているクッションファンデ。ここにクリームチークと自然な色づきのグロス。最後に、まつ毛と眉の存在感を高めてくれるアイテムがあればOK。ファンデは塗りすぎると顔の立体感を殺してしまうので、あくまで軽くすること。つくりこまないぶん「そのままで綺麗なひと」に見せられる。

Scarf

寝ぐせの朝もスカーフ巻きで簡単におしゃれヘア

スカーフ：ドゥロワーのヴィンテージ

全身がなんだか決まらないという日の原因は、髪であることがほとんど。どれだけメイクがうまくいっても、髪がうねっていたりごわついていたりすれば、その髪にかこまれた顔は綺麗には見えない。

そんなときはスカーフ。しゃれ感、今っぽさも完璧だし、髪を隠せるからアラも見えない。天候に左右されずに使えるし、ワンピースにもデニムにも水着にもあう。前髪や顔周りの髪をすべて入れるとモードに。顔周りの髪を出すと女らしいムードになる。慣れないうちは、耳に地金のピアスかイヤリングをつけると、バランスがぐんとよくなる。

HOW TO MAKE

1

スカーフを折りたたむ

全体を三角に折ったら、頂点を中に折り込む。→全体をさらに半分に折る。
→もう一度折る。太めの方がおしゃれ度は高いけど、最初は細い方が似合わせやすいのでオススメ。

2

前髪を残して襟足から巻き始める

中心が襟足にくるように巻き始め、
頭の上で左右を交差させる。

3

頭のてっぺんで交差させる

一度交差させた手を一度持ち直して、
もう一度交差させる。

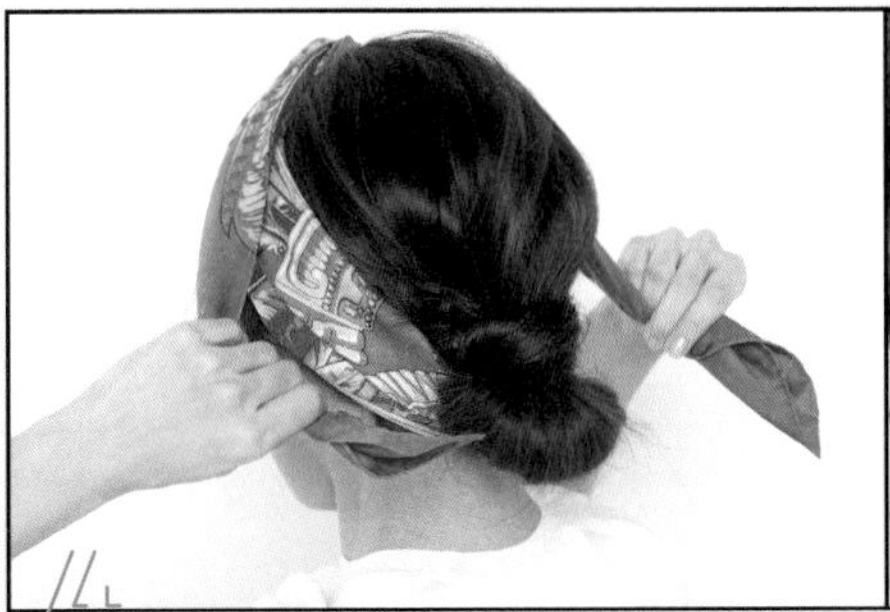

4

先端を襟足へ持っていき、

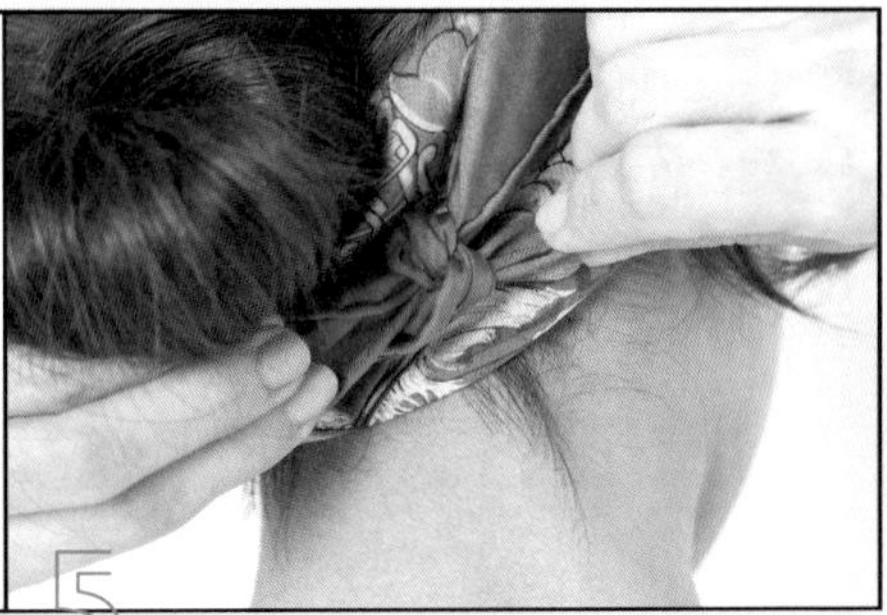

5

目立たない場所で結ぶ

帽子:左からボルサリーノ／カシラ／ヘレンカミンスキー／
ヘレンカミンスキー／シャポー ド オー／
ボルサリーノ／カシラ／プールトゥーパーティー

Hats

帽子でおでかけモードに

なにか一味たりない。もうひとさじ自分らしさがほしい。そんなときにちょうどいいのが帽子。形、色とさまざまなものがあるけれど、顔や頭の形によって似合うものは変わってくるから、いろいろ試して見つけたい。

帽子には特有の重さや濃さがあるから、あわせる服やメイクは大げさすぎず、シンプルにするのが鉄則。見える髪の面積で印象も変わるので、服を着て全身がうつる鏡の前に立ち、かぶる角度を調整。髪をおろしたり結んだりして、いいバランスを探ること。全体に巻くかどうか、顔まわりに髪をおろすかどうかも考えることで、帽子だけ浮くこともなくなる。

トップの髪はつぶれがちなので、次のページのテクニックで回復させて。

帽子：シャポー ド オー　トップス：マリアム ナッシアー ザデー

＼ 帽子をとったときのペタンコ髪を10秒で直す ／

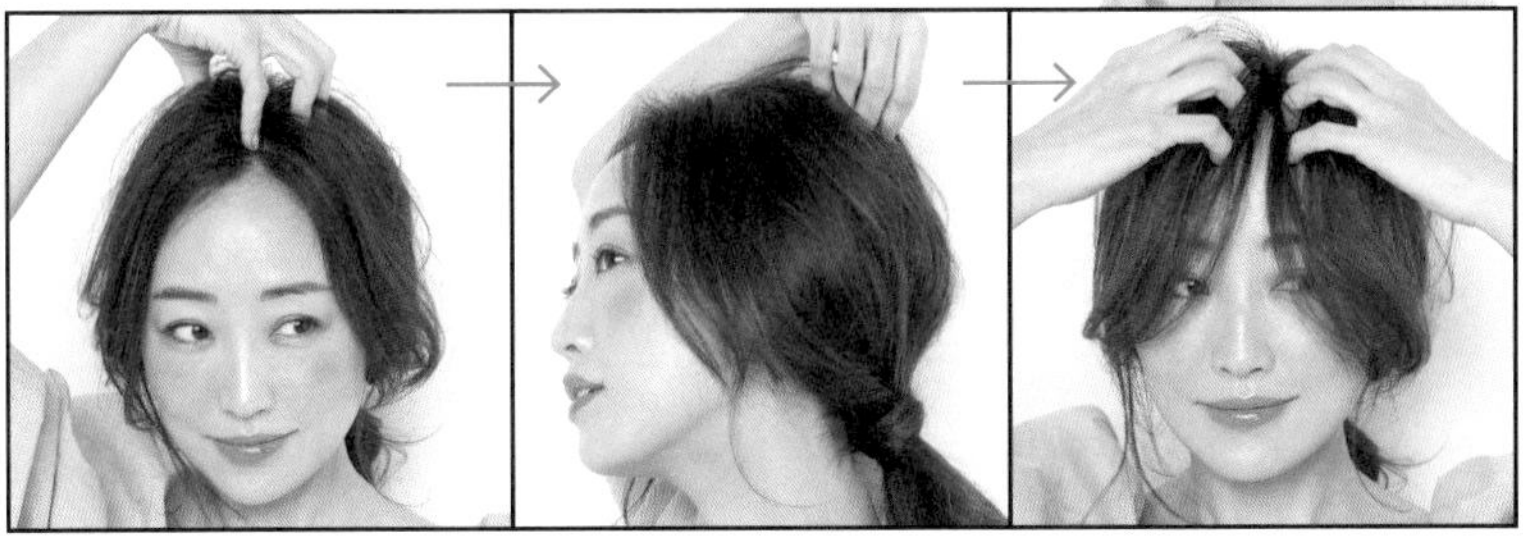

トップをほぐす

トップの髪を軽くつかむようにして持ち上げる。寝ていた髪を起こすイメージ。

後頭部をほぐす

後頭部の中心が一番つぶれやすいので、中心に指先を入れてつかんでふわっとさせる。

前髪に空気を入れる

つぶれていた前髪の根元に指先を入れ、空気をふくませるようにもんで、額の両端が見えないように全体がふんわりとしたらOK。

カットソー:カーサフライン
メガネ:マックス ピティオン

Glasses メガネでハズす

メガネはフレームの色や太さ、合わせる服やメイクで顔の印象を簡単に変えてくれる。素顔にメガネでも独特の可愛さを出してくれるし、服によって知的さを出すことも女っぽさを増すこともできる。

はじめに取り入れるなら、細いメタルフレームのものと太めの黒やべっ甲のフレームのものがいい。この2つがあれば、どんなファッションにも合わせられるし、わかりやすく変化を楽しめるからだ。

わたしが特に気に入っているのが、デニムやTシャツ、ニットといったシンプルカジュアルな服にメガネを合わせてひとクセつけるという使い方。なんでもない服に、個性を出しておしゃれに見せてくれる。

ワンピースにあわせるというのもわた

Tシャツ:ロマンス
メガネ:シルバーコレクション

しの定番のひとつ。ワンピースのもつ女らしさとメガネの硬い雰囲気が重なると出る、アンバランスな魅力が好き。

メガネをかけるときには、アイメイクは極力シンプルであることがポイント。メガネは額縁のようなものだから、かけるだけで目の印象が数倍濃くなる。だから、アイカラーもアイラインも薄く。マスカラもさらっと軽く仕上げ、かわりにリップで遊ぶ。メガネとリップの相性がいいと、とたんに顔がしゃれて見えるし、つけなれないリップの色もメガネと組み合わせることで、顔の上下でバランスがとれて似合うようになる。

たった数秒で、顔が変わって、似合うものが増えて、個性が出る。取り入れない手はない。

生徒さんや、イベント、SNSでのコメントで圧倒的に多いのが「くずれない」というキーワード。口紅やファンデーションなど、新作コスメの発表会へ出席して製品の特徴を聞いても、必ず「ロングラスティングにこだわった」というワードがでてくる。塗りたての一番綺麗な状態が何時間も続くというのが、年齢問わず女性たちの願いであることは確か。

でも、いくらテクノロジーが進化しても、わたしたちは生きているから汗もかくし、皮脂も出る。何かを食べることもあれば話すこともあり、絵のようにずっと静止画ではいられない。

だから、「くずれる」のを嫌うのではなく、「くずれ方も綺麗」を目指すのはどうだろう？ テクニックやコスメの力を使ってくずれ際さえ美しいメイク、というのが一番リアルな正解ではないかと思う。

Make up

長時間くずれないメイクのコツ

重要なポイントは、まずスキンケア。間違いやすいのが「スキンケアは軽めにする」こと。くずれる大きな要因は乾燥。しっかり保湿しておかないと逆に皮脂が出やすくなったり、ファンデーションとの密着度が弱まったりするから、メイク前のスキンケアはたっぷり、ハンドプレスで丁寧に肌に入れ込む。ただし、小鼻、眉間などの皮脂の多い部分は油分を少なくする調整は必要。

そのうえでメイクは素肌のような、肌と一体化する薄メイク、または、ドラジェのように丹念にぬり固めた厚メイクのどちらかを服にあわせて選択する。

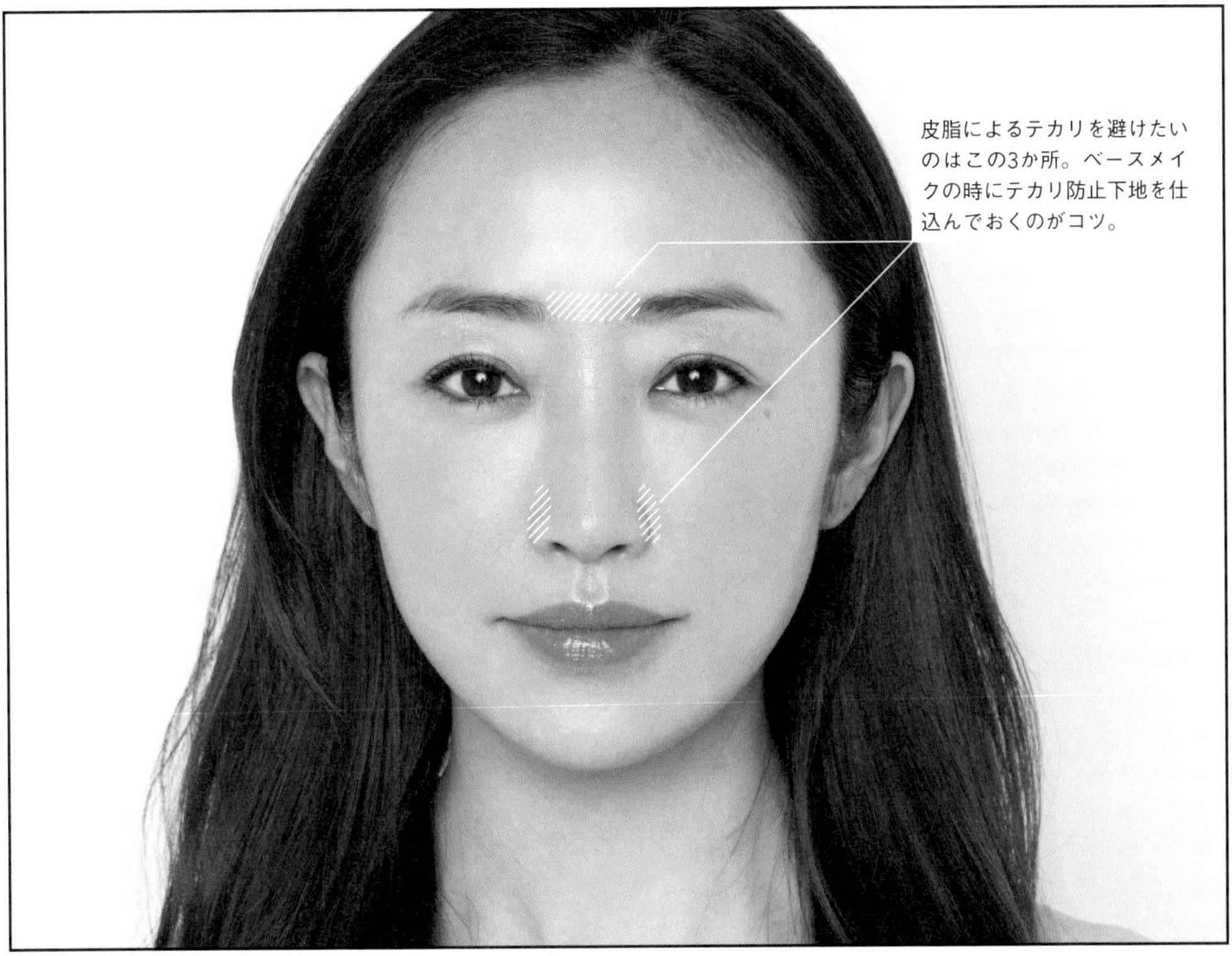

USE 皮脂くずれ防止化粧下地UV（プリマヴィスタ）

でも、後者は似合う服がコンサバに限られ、汗や皮脂に弱く、くずれたところが目立つため、短時間、人形のように生きると決めた日ならいいけれど、基本は薄めのメイクにするのが賢明。

ちなみに、肌は服を選ぶ。もしカジュアルな服ならば肌も力が抜けたナチュラルな肌であるべき。反対にコンサバな服ならば、ある程度つくりこんだ肌が似合う。もしカジュアルな服を着ていて、メイクくずれが目立つなら、厚化粧になっている合図かもしれない。

くずれないことに執着するあまり、ファンデーションを必要以上に重ねてしまうと、逆に肌を汚く見せることも。

素肌が透けるメイクはくずれ際も目立たない。結果、1日中綺麗でいられる。

機能別マスカラ

繊細なまつ毛が横顔をきれいに見せる。右から **パワフルカール マスカラ EX(ロング)BK001** ¥1,200(ファシオ)／**ラッシュエキスパンダー ロングロングロング** ¥1,200(マジョリカ マジョルカ)／**ラッシュ クイーン フェリン エレガンス** ¥5,300(ヘレナ ルビンスタイン)／**アイラッシュ マスカラ** ¥4,300(スック)／**ディーアップ パーフェクトエクステンション マスカラ** ¥1,500(ディー・アップ)／**ラッシュフォーマー(ロング)** ¥1,400※編集部調べ(ケイト)

カール　ロング　ツヤ＆ロング　ボリューム　カール＆ロング　ウォータープルーフ

Cosmetics

顔の印象を変えるアイテム

顔の印象を大きく左右するのがまつ毛や眉毛。1ミリ長いだけでも、顔は変わる。だから、マスカラは泳いでも落ちないマスカラ、ツヤの出るマスカラ、カールが落ちないマスカラ、ボリュームと長さが出るマスカラ……と服に合わせて使い分けている。

すぐに下まぶたに落ちる、カールが落ちてしまう、という場合は、まぶたの形や肌の油分など様々な原因があるけれど、多くの場合は優秀なウォータープルーフで解決する。もし長さもボリュームも捨てたくないなら、根元から中間までは透明マスカラを塗って、中間から毛先には色付き、と塗り分けても。

カールキープには、ホットビューラーで固めると取れにくいカールが完成する。

夕方の疲れ顔回復

目の下の三角ゾーンに光を集めると顔がフレッシュになる。クマやシミは隠さなくてもココがきれいならOK！

USE_ラディアント タッチ ハイカバー No.1（イヴ・サンローラン）

疲れているときや、午後肌がくすんできたときには、目の下にツヤを加えると一気に印象があがる。目の下のクマを光で飛ばすことができるからだ。

　わたしはクマが嫌いじゃない。クマの濃さや種類にもよるけれど、目の下のクマはうっすらあるくらいのほうが、目は大きく見えるし、顔に陰影ができる。

　ただし、夕方頃に顔全体の血色が悪くなって、クマも濃く目立ってきたなら、隠しどき。肌色に繊細なパールが入ったもの、肌に重ねるとみずみずしいツヤが出るものを選んで4点か5点、目の下に置いてから、指の腹でやさしくとんとんと肌にくっつけていく。ここに光が宿ると一瞬で顔が復活するので、ポーチに一つは欲しいアイテム。

Stoles

素材も色も妥協しない

ストール

ストールは大判で巻いたときに立体感がでるものと決めている。首のまわりにぐるぐる巻くだけで、顔が小さく、毛布から顔をだしたようななんともいえない可愛い雰囲気がだせるから。顔まわりの立体感はしゃれ見えにも有効。大判は肩にさらっとかけても覆われる面積のバランスがよく、こなれて見える。選ぶときには必ずぐるぐると巻き、バランスと肌色の映り方を見て厳選。肌が綺麗に見える色、綺麗な立体感がだせることが条件。

上段右からストール：ジェイ&エム デヴィッドソン／マイラン／アソースメレ／シェル／アソースメレ／アソースメレ

下段右からストール：アソースメレ／サマンサタバサ／サマンサタバサ／シェル／シェル／シェル

Innerwears

お役立ちインナーたち

服を体に似合わせるのに必要なのが最適なインナー。服にひびかず、フォルムを美しく見せてくれる大きな味方。

白い服に透けない、トップスにひびかないようなデザインのTシャツブラは、定番になった。でも透けるトップスやレース、肩や背中が見える服のインナーに迷うひとは、まだまだ多いのではないだろうか。**透ける服、肌が見える服のときのわたしの正解インナーは、ヌーブラ。**ストラップレスのブラがずり落ちるストレスもなければ、バストのボリュームも高さも自由自在に調整できる。

バストにボリュームをだしたくないとき、柔らかな質感がほしいときには、シリコンニプレスもおすすめ。

見えてもいい、あえて見せるレースのインナーもあると便利。

服とインナーの相性が悪いと急に野暮ったく見えるから、シルエットを鏡でよく観察して、インナーを選びたい。

番外編ではあるけれど、よくもったいないなと思うのは着物姿。着物が野暮ったく老けて見えるのは、バストが帯にのっかってしまっているから。着物のインナーには、和装用のブラがいい。バスト部分を平坦にしてくれて、胸元がぴしっとそろうから、凛とした品が出る。

フットウェアはいつもの靴の雰囲気を変えたいときに。

おしゃれな着こなしはそれを引き立てるインナーがあってこそ。下着もインナーも「服」だと思って選ぶことだ。

シリコンニプレス／ヌーブラ／レースキャミ：ケイシラハタ

ストッキング：左からピエール マントゥー／ウォルフォード／スパンクス／ソックス：左からパンセレラ（赤、水色、紫）／ピエール マントゥー（白、黒）

ハーフトップ3色：スタイリング／ボディスーツ2色：カイト／ワンショルダー3色：カーサフライン

Tops

ひとクセトップスでひとあじ投入

　ボリュームのあるスカートやジャガードのペンシルスカートなど、１枚で存在感のあるアイテムに合わせるシンプルトップスは万能だけれど、ときに無難になりすぎてしまうことがある。

　そんなときにいい味をだしてくれるのが、ひとクセあるアイテムだ。

　たとえば、ワンショルダーのタンクトップやキャミのボディスーツは、体のラインを美しく見せながら、今っぽさやクールな印象を足してくれる。

　Ｔシャツやシャツ、レースのトップスの上や下に重ねて着ることができるコンパクトなニットキャミも、楽しい。

　ただシンプルなものを着るのではなく、そこに自分風味を足すという着こなしを知れば、服はもっと楽しくなる。

Lips

ブラウンリップで即、旬の顔

何を着ていてもこれさえつけていれば「おしゃれなひとに見える」というアイテム、それが高感度色のリップだ。

今まで、おしゃれなひとと言えば赤リップだった。顔から潔く鮮明に浮き立つ赤い唇は、それだけで自信や余裕という雰囲気をくれた。それらは、すべてを正解に見せる「圧」がある。

今はそこにブラウンが加わった。これをつけるだけで、無条件に今っぽい色。

赤みがないブラウンならモードな女っぽさ、ピンクをおびたものならまろやかな色気、赤みを感じるものなら深い女っぽさ。ブラウンの威力は幅広い。そしてなによりの魅力は、女っぽさとしゃれた空気がどちらも絶妙なバランスで手にできること。一度はチャレンジして。

右から　**ジンジャーリップスティック 9I02** ¥4,000（シロ）／**ディグニファイド リップス 09** ¥3,200（セルヴォーク）／**バイブラントリッチリップスティック 09** ¥5,000（スック）／**ザ ルージュ ベルベット BR302** ¥3,500（コスメデコルテ）／**ルージュ エッセンシャル シルキー クリーム リップスティック 05** ¥3,600（ローラ メルシエ）

おわりに

去年の今頃、ある一言に忘れかけていた清々しさをもらいました。長男が通う美術大学の入学式で、先生がお話しされたひとこと。

「明日からは、どこかひとつでいいから、自分らしさを『着て』『つけて』登校してくださいね」

自分の中のにごりが、気持ち良く晴れた瞬間でした。

わたしは、どちらかと言えば自由にメイクもファッションも楽しむほうでした。でも新入生に向けたその気持ちいいほどに鮮やかで勢いのある言葉に、いつのまにか塗り固めてしまっている自分の中の壁や線の存在に気がつきました。

どこか、馴染もう、馴染んで行こうという時代のなかで、自分らしさを思い切り楽しもうという言葉の気持ち良さを心底感じた出来事。

そしてその言葉を耳にして、キラキラと希望で目を輝かせている若き世代の生き生きとした顔。

「ああ。わたしもいつのまにかこの楽しさを忘れてしまっていたんだな」と。

メイクやファンションは、大人になるほどに、「着たい！」「つけたい！」というトキメキより、「どう見られるだろう？」という不安や「これ正解？」という迷いが勝つようになるのを感じます。

自分を表現することにも臆病になる。自分の体や顔の変化も重なり、もうなにが正解かもわからなくなってしまう。だから、できるだけ無難に自分を整え、正解だったメイクをずっとし続ける。自分という色や自由が薄れ、ときに「正解」がバランスを崩しいく。

あの言葉がわたしの中に入ってきた日から、自分の中で新たに広がる自由を感じています。

ときめく服を堂々と着て、旬のリップカラーも積極的に楽しむ。

「どこに着ていこう?」と思ってしまうちょっと華やかな服も、メイクでバランスをとって日常使いに。シンプルなデニムだって、自分流に着こなし、今まで見たことのない新しい自分の顔に挑戦する。

どれもこれも、自由であっていいという自信と「自分を楽しむ」楽しさがくれるもの。

もちろん、メイクやファッションには、バランスも必要。変化していく自分に合わせて調整が必要なのもたしか。でもちょっとしたコツと工夫さえあれば、「着たい」をとことん、「つけたい色」をどこまでも、楽しむことができる。

バランスの取り方さえ覚えれば、誰だって、何歳だって、いくらでも楽しさを広げ、進化し続けることができることを体感しています。

自分の顔をひとつと決めつけることはない。

似合わないものを増やし続けるなんてもったいない。

いろいろな工夫ができる大人だからこそ、自分の色やこれからをぐんぐん色濃く、広く塗り広げていきたい。そんな、大きなときめきを感じています。

自分の可能性を自分で広げることができること。

なりたい自分になれること。

これほど楽しく心踊ることはありません。

明日からの日常が、鮮やかに、心浮くものになりますように。

最後に、いつも支えてくださる読者のみなさま。一緒に走ってくださるスタッフのみなさま。心からありがとうございます。

そして、いつも全力の愛をくれる息子たち、家族に愛を込めて。

神崎恵

CONTACT LIST

アンプリチュード	アンプリチュード	0120-781-811
イヴ・サンローラン	イヴ・サンローラン・ボーテ	0120-526-333
イプサ	イプサお客さま窓口	0120-523-543
ヴィセ	コーセー	0120-526-311
エトヴォス	エトヴォス	0120-0477-80
エレガンス	エレガンス コスメティックス	0120-766-995
オペラ	イミュ	0120-371-367
キャンメイク	井田ラボラトリーズ	☎0120-44-1184
クリニーク	クリニーク お客様相談室	☎0570-003-770
クレ・ド・ポー ボーテ	クレ・ド・ポー ボーテお客さま窓口	0120-86-1982
ケイト	カネボウ化粧品	0120-518-520
ココンシュペール	クラシエホームプロダクツ	0120-540-712
コスメデコルテ	コスメデコルテ	0120-763-325
SHISEIDO	SHISEIDOお客さま窓口	0120-587-289
シュウ ウエムラ	シュウ ウエムラ	0120-694-666
シロ	㈱シロ	0120-275-606
スージーニューヨーク	伊勢半	☎03-3262-3123
スック	スック	0120-988-761
セザンヌ	㈱セザンヌ化粧品	0120-55-8515
セップビューティー	ロフト	☎03-3462-3807
セルヴォーク	セルヴォーク	☎03-3261-2892
ディー・アップ	㈱ディー・アップ	☎03-3479-8031
ディオール	パルファン・クリスチャン・ディオール	☎03-3239-0618
ディプティック	ディプティックジャパン	☎03-6450-5735
トム フォード ビューティ	トム フォード ビューティ	☎0570-003-770
ナーズ	ナーズジャパン	0120-356-686
ナルシソ ロドリゲス	ナルシソ ロドリゲスお客さま窓口	0120-110-664
ファシオ	コーセーコスメニエンス	0120-763-328
フジコ	かならぼ	0120-91-3836
ウズ	ウズバイフローフシ	0120-963-277
フローラノーティス	フローラノーティス ジルスチュアート	0120-878-652
ヘレナ ルビンスタイン	ヘレナ ルビンスタイン	0120-469-222
ボビイ ブラウン	ボビイ ブラウン	☎0570-003-770
マジョリカ マジョルカ	資生堂お問い合わせ先	0120-81-4710
メルヴィータ	メルヴィータジャポン カスタマーサービス	☎03-5210-5723
ラロッシュポゼ	ラ ロッシュ ポゼ	☎03-6911-8572
ランコム	ランコム	☎03-6911-8151
ルナソル	カネボウ化粧品	0120-518-520
ローラ メルシエ	ローラ メルシエ ジャパン	0120-343-432

※掲載アイテムは2020年2月現在のもので、入手できないものもあります。
「ミネラルUVグロウベース」「ミネラルハイライトクリーム」「ミネラルクリアリップ＆チーク ピンクドロップ」（以上エトヴォス）の3点はメーカー在庫限りで販売終了となります。

「ルージュ アンリミテッド マット RD171」（シュウ ウエムラ）は現在販売終了しております。
※キッカは2019年をもって惜しまれつつ終了しましたので、お問い合せ先は載せられません。ごめんなさい。大好きなブランドだったので、最後にこの本で紹介させていただきました。BY恵

MEGUMI KANZAKI

神崎恵
1975年生まれ。美容家であり、3人の息子をもつ母。アイブロウ／アイラッシュデザインのディプロマ取得。何気ない日常から特別な瞬間まであらゆる場面での女性の美しさを叶える応援をしている。ひとりひとりに合わせたメイクやビューティースタイルを提案するアトリエ「mnuit」を主宰しながら、美容誌をはじめ、幅広い世代の雑誌で連載を持つ他、全国各地にてイベントやメイク講座も数多く行っている。また、複数のコスメブランドのアドバイザーを務め、女性を美しく導くアイテムの開発、プロデュースなど活動の幅を広げている。自らあらゆるものを試し、本当にいいと実感できるものだけをすすめる、というスタンスが世代を問わず支持されている。書籍も数多く執筆し、累計発行部数は134万部を超える。『この世でいちばん美しいのはだれ？』（ダイヤモンド社）、『あの人がいつも色っぽいワケ』（大和書房）など多数。

STAFF

Photo（model）	中島洸（まきうらオフィス）
Photo（clothes）	魚地武大（TENT）
Photo（cosmetics）	池田隼人
Digital work	前野一輝（DIGI+capsule）
Hair	津村佳奈（Un ami）
Styling	門馬ちひろ
Book design	吉田憲司（TSUMASAKI）
Exective producer	谷口元一（株式会社ケイダッシュ）